基金项目:河北省教育厅人文社科重点研究基地“京津冀协同发展管理创新研究中心”资助;秦皇岛市科学技术研究与发展计划“秦皇岛学术期刊及出版行业与科技创新成果合作机制模式研究”(201805A191)

数字出版时代
大学出版的路径创新

孙菊　著

燕山大学出版社
·秦皇岛·

图书在版编目(CIP)数据

数字出版时代大学出版的路径创新/孙菊著. —秦皇岛:燕山大学出版社,2020. 8（2026.1重印）
ISBN 978-7-5761-0045-7

Ⅰ.①数… Ⅱ.①孙… Ⅲ.①高等学校—电子出版物—出版工作—研究—中国 Ⅳ.①G237.6

中国版本图书馆 CIP 数据核字(2020)第 147531 号

数字出版时代大学出版的路径创新

孙 菊 著

出 版 人:陈 玉
责任编辑:孙志强
封面设计:赵小雨
出版发行:燕山大学出版社 YANSHAN UNIVERSITY PRESS
地　　址:河北省秦皇岛市河北大街西段 438 号
邮政编码:066004
电　　话:0335-8387555
印　　刷:廊坊市印艺阁数字科技有限公司
经　　销:全国新华书店

开　　本:889 mm×1194 mm 1/32　**印　　张**:5.875　**字　　数**:140 千字
版　　次:2020 年 8 月第 1 版　**印　　次**:2026 年 1 月第 2 次印刷
书　　号:ISBN 978-7-5761-0045-7
定　　价:48.00 元

序 言

《中国互联网络发展状况统计报告》显示,2020 年 3 月我国网民规模已达到 9.04 亿,再创新高。“车,马,邮件都慢”的时代早已成为历史,随网络而至的是信息的“爆炸”与知识的“无边际”,数字出版业态也顺势快速发展。传统互联网与移动互联网的深入发展,5G、数据挖掘、区块链、AI、AR 等新技术的不断涌现,使社会公众的信息获取方式、阅读习惯、消费理念与模式都发生了巨大的变化。2019 年 8 月,中国新闻出版研究院发布的《2018—2019 中国数字出版产业年度报告》显示,2018 年数字出版产业收入规模高达 8 330.78 亿元。鉴于此,相对于大型出版集团呈现“弱、小、散”劣势的大学出版也应顺应时代的潮流,在秉承大学精神与出版精神的前提下,以学术出版为本体使命,以出版“内容为王”,紧随出版行业的发展趋势,在内容、渠道、平台、经营与管理上及时做出调整,构建多元化的数字产品形态选择模式,组建以传统纸质媒介为核心的全媒体出版格局。

本研究基于长期的工作实践与深入的理论研究,着重探讨了大学出版在新时期面临的困境与发展路向。第一部分是以宏观与历史的视角,对整个出版产业数字化转型的大背景分析,梳理了行业产生与发展的历史脉络并分析现今发展最为迅速的数字出版产品形态之一——数字教育出版,以为大学出版的数字化升级提供经验与借鉴。第二部分是对大学出版的两部分——高校学术期刊与大学出版社的使命进行论述，创设以数字化出版为契机、完成自身学术出版的使命并实现快速发展的新路径，包括第二、三、四章。此部分以系统科学为理论依据，将高校视为一般复杂巨系统进行检视，进而得出高校学术期刊与大学出版社对高等教育系统、母体大学、出版行业、学术生态等产生影响具有必然性。大学出版的属性决定其与大众出版的使命注定不同，发展之路也必将呈现不同之处。第三部分是对大学出版凭借数字出版实现快速发展的更深层次探讨，具有创新性与开拓性，包括第五章与第六章。首先，以英美大学出版社为借鉴，大学出版社应树立“用户思维”与“人才核心”的战略思想，提出对我国大学出版“走出去”增强在国际舞台上影响力的有益探讨；其次，提出要提升大学出版的品牌价值，可通过使用抖音短视频 App 等实现学术成果的“短、平、快”的传播路径；最后，结合地区经济社会发展实际，基于内生经济增长理论分析，建构大学出版行业服务区域科技创新的新路径。

总的来说，本书将理论与实践相结合、历史与现实相通融、域内与域外相借鉴，有助于大学出版从业者与领域内研究人员在数字出版时代把握行业发展的脉搏，明晰行业发展的问题，使大学出版行业健康、有序、快速地发展，有益于高等教育的发展与我国整体科研实力的提升，也为破解习近平总书记在哲学社会科学讲话中所提到的提升我国在世界哲学社会科学领域的“话语权”、破解有“专家”缺“大师”的问题提供思路。

孙菊

2020 年 6 月于燕山大学

目　录

第一章

出版产业的数字化转型

第一节　出版的要素与前提

一、出版的定义

所谓出版,是指编辑、复制作品并向公众发行的活动。其中,作品是出版的前提,编辑与复制是出版的手段,向公众发行是出版的目的。编辑、复制、发行是出版活动的必要条件,但不是充分条件。经过社会认可并具备相应资质的企业来完成的出版活动才属于合法的出版活动。出版活动属于社会文化活动,既是人类文明发展的重要成果,又是促进人类文明发展的有力工具。

出版不同于其他大部分产业,由于具有无形价值,比如文化价值、学术价值、道德价值等;也不同于艺术与科学,由于与负债表和利润密切相关。出版是一种必要的原始创意产业。① 印刷机取代了传统的作坊式生产模式,使书籍可以被批量生产并广泛传播,进而引发宗教、科学与教育界的革命。可以说,印刷与出版一直走在时代的最前沿,在整个人类文化历史的进程中占据着独特的地位。

书号是图书的"合法身份",由书号可以判断出版社的规模。我国是世界上最早使用图书统一编号的国家之一。1982 年,我国正式加入国际 ISBN(International Standard Book Number)组织,进而实现

① 迈克尔·巴斯卡尔. 内容之王——出版业的颠覆与重生[M]. 赵丹,梁嘉馨,译. 北京:机械工业出版社,2017:VII.

了图书书号信息的国际对接。

二、出版的缘起

（一）我国出版的缘起

一个民族的出版史是整个民族精神文化发展的文献记录和媒介标志。在我国,“出版”一词最早出现于1833年创办于广州的中文月刊《东西洋考每月统计传》,编辑在序言中两次使用这个词。由于对“出版”的定义不同,就我国出版的起源问题,当前学界存在两种观点。

1. 印刷术决定的商品出版史观

此观点认为:出版是刻版刷墨印纸技术发明以后出现的图书文本的复制与行销现象。印刷术出现之前没有出版。据此产生的商品出版史观,把中国出版的起源推定在隋唐时期,以雕版印刷的佛像和佛经为标志。由此算来,我国的编辑出版史仅有1 300多年,这是由印刷技术决定的出版历史观。

2. 文字符号决定的文化出版史观

此观点认为:出版是以文字符号编述某种内容意义并出示于媒体的文化现象。据此产生的文化出版史观,把中国出版渊源视为殷商时期的“版册”文化或“册典”文化,以刻制于甲骨版片上的占卜内容的文字辞章等为标志。

（二）西方出版的缘起

从西方出版史的视角来看,法语中于1330年有了“出版”一词;英语中于1450年有了“出版”的一词。当前,美国、英国、德国、法国都属于世界出版大国。其中,按照时间先后顺序来看,德国的出版业兴盛最早,为1770年左右;法国次之,为1810年左右;英国大约为

1825年;美国大约为1850年。出版业的迅速发展与当时社会科学研究、经济、科学技术、出版机制和阅读环境等诸多因素密不可分。以出版机制为例,出版业的蓬勃发展需要编辑、广告、销售业同步发展,尤其需要对版权的保护。以阅读环境为例,出版业的兴盛与基础教育的普及关系密切。18世纪,德国弗里德里克大帝(1740—1786)推行促进教育普及的政策。到1780年,德国各地都组建了由教师、牧师、公务员、医生等构成的读书俱乐部,许多私营图书馆也随之建立起来。这使文字得到了普及,德语代替了当时的出版语言——拉丁语①。

从出版的历史发展进程来看,出版既是古代的原始产业,人类最早的出版活动可以向前追溯到几千年前;又是当代经济领域发展最快的版块之一,很大程度上受到网络与信息技术的制约与挑战,比如当前"两微一端"、短视频App等对出版的传播路径都产生了深远的影响。

三、出版的要素与前提

(一)出版的要素

编辑、复制、发行为出版活动的三要素。"编辑"指策划、组织、审读、选择与加工作品的活动;"复制"指以各种方式根据作品内容制成一份或多份与其内容信息相同的物质产品的活动;"发行"指出版单位通过某种方式将出版物传送给消费者的活动。

三者密切联系,缺一不可。比如,出版是将作品公之于众的过

① 箕轮成男,杨贵山.从西方出版史看出版兴盛的条件[J].出版发行研究,1992(4):61-64.

程、将内容与公众分享的形式，而并非所有的展示形式都是出版，互联网上的留言与讨论等就不是出版活动。随着5G与智媒体时代的到来，以人机互融、万物互联为特征的第五代移动通信技术开启新时代，数字出版越来越被大众所认可，出版形式呈现多样化趋势，但是出版活动的三要素始终不可或缺。

（二）出版以“内容为王”

1. 作品为前提

《中华人民共和国著作权法实施条例》将“作品”定义为“文学、艺术和科学领域内具有独创性并能以某种有形形式复制的智力成果”，包括文字作品，口述作品，音乐、戏剧、曲艺舞蹈、杂技艺术作品，美术、建筑作品，摄影作品，电影作品和以类似摄制电影的方法创作的作品，工程设计图、产品设计图、地图、示意图等图形作品和模型作品，计算机软件等。①

作品亦为稿件，是所有出版活动的必备前提。没有作品的出版就像“无米之炊”，出版三要素就没有作用的对象，这也为出版机构指明了竞争力的根本、标志与努力方向所在——出版以“内容为王”。

2. 内容与媒介

1）内容为先决条件

信息化时代的出版，技术手段为内容提供支持，可以说人们是生活在内容时代。内容是影响出版的关键因素，也是出版的先决条件，没有任何内容的出版是不存在的，因为内容只有在更进一步相

---

① 国家新闻出版广电总局出版专业资格考试办公室. 出版专业基础[M]. 北京：商务印书馆，2015：5.

互作用中才能实现传播，因此出版的基础必须是内容而不是传播①，"内容为王"是出版业永恒的主题。这就如同要烹制美味的菜肴，只有形态各异的锅子，又有谁能够去赴宴与就餐呢？要想在激烈的市场竞争中获得优势，差异性内容是数字出版"内容为王"的优选策略。

2）媒介为容器与渠道

在文本复印技术出现之前，内容与媒介一直紧密结合。如今，内容与媒介的区别非常明显，因为文本创作与文本复制具有本质不同。出版商相当于"内容"的管理者，"媒介"相当于容器与渠道，出版过程就是将"内容"装入出版"容器"之中进行经销、销售、消费等。渠道制胜是当前数字出版盈利的主要手段。

3. 成功案例：企鹅出版集团

出版企业的成功离不开对出版内容的精挑细选与运作。本研究以世界最著名的英语语种图书出版商——企鹅出版集团为成功案例，分析企业的发展历程，以为大学出版研究提供启示与路向。

1935年，恩特·莱恩创办了企鹅出版集团。该集团经过几十年的发展现已成为被世界范围内大众所熟知、具有广泛影响力的出版业"巨无霸"企业，集团的"企鹅标志"（图1-1）尤其在欧美国家已家喻户晓；旗下拥有众多知名出版品牌，如多林·金德斯利公司（DK）、海雀出版社（Puffin）、花大姐（Ladybird）等。究其能够跻身世界最大大众图书出版商之一的原因，有以下几点。

---

① 迈克尔·巴斯卡尔. 内容之王——出版业的颠覆与重生[M]. 赵丹，梁嘉馨，译. 北京：机械工业出版社，2017：92.

图 1-1　企鹅出版集团的经典标志

1) 以“内容为王”

企鹅出版集团对内容筛选严格,注重突出自身优势,即“以内容为王”,出版了大量高质量的文学作品与有影响力的书籍。一些书籍甚至是作家们的毕生巅峰之作。比如,所出版的《追风筝的人》(图 1-2)在《纽约时报》畅销书榜上榜近 101 周,被评为法国读书会“2006 年度首选书”、美国图书馆协会选书,获法国《ELLE》杂志读者票选“年度最佳小说奖”。

图 1-2　《追风筝的人》(英文原版)

2）具有品牌辨识度

企鹅出版集团的图书设计精良，具有持久强大的辨识度，现代与经典并重，彰显与众不同的出版品位，使图书不仅具备阅读价值，也有收藏价值①。

3）售价亲民

企鹅出版集团的图书售价较低。在公司创建之初，定价大大低于当时的精装图书，基本与一盒烟持平，进而通过“低价营销”扩大了出版社的读者群体。售价低廉的平装书也进一步提升了作品与作者的影响力。

值得一提的是，在出版史中，“平装图书”被视为是对出版形式与容器的标志性突破。企鹅出版集团往往被认为是“平装图书”的首创者，而事实上，该集团并没有发明平装本或者廉价本，只是“平装图书”在集团发展为英语出版界顶峰的过程中发挥着至关重要的作用。19世纪中期的“劳特利奇铁路图书馆”或20世纪初期的J. M. 登特的“从文库”等版本依靠高强度的印刷经营与销售开拓了廉价出版的先河②。

4）多层分销渠道

企鹅出版集团的多层分销渠道是成功的关键环节之一。起初，由于固定资本与印刷运作成本较高，企鹅出版集团并不被业界看好。后期，出版社尝试将图书置于如超级市场与报刊分销商等非书店渠道的举措，对其日后成功地成为世界知名的出版集团至关重要③。

---

① 孙菊. 与时俱进的“经典”——美国“金色童书”系列对我国童书选题的启示[J]. 传播与版权，2015(11)：57-64+85.

② 迈克尔·巴斯卡尔. 内容之王——出版业的颠覆与重生[M]. 赵丹，梁嘉馨，译. 北京：机械工业出版社，2017：119.

③ 孙菊. 与时俱进的“经典”——美国“金色童书”系列对我国童书选题的启示[J]. 传播与版权，2015(11)：57-64+85.

5）与时俱进，拓展数字出版市场

企鹅出版集团作为拥有几十年出版经验的老牌出版企业，没有故步自封，而是紧随时代步伐，走在数字出版转型的最前沿，增加了电子书、有声书、增强版电子书 App 等数字产品，并开始尝试参与图书内容的影视化制作，比如，近几年与谷歌家庭（Google Home）合作研发通过语音控制的儿童图书系列；与普瑞玛游戏公司（Prima Game）合作，出版游戏攻略视频与适应不同终端的游戏电子指南，为玩家提供知识服务；在影视领域，与兰登书屋合作启动 IP 战略，旗下的兰登书屋影业参与《One Day》《The Attack》等多部电影的制作。

第二节　数字出版的产生与发展

媒体已经经历了五代的发展：第一媒体，以纸质为媒介的报刊；第二媒体，以电波为媒介的广播；第三媒体，以图像为媒介的电视；第四媒体，以字节为媒介的互联网媒体；第五媒体，以无线通信技术为媒介的手机媒体。时至今日，纯粹的传统出版已经不复存在，因为在纸介出版的过程中数字技术的应用已不可或缺。数字出版是未来出版业的全部，也是未来出版业的发展方向。明确数字出版产生与发展的历程，为新时期大学出版在明确自身责任与使命的前提下实现数字化转型，以提升自身的学术话语权与影响力具有重要意义。

一、数字出版的界定

2004 年 1 月，原新闻出版总署批准成立首批 50 家互联网出版机构，标志着数字出版在我国正式成为一种新兴出版业态。数字出版是人类文化的数字化传承，是建立在计算机技术、通信技术、网络技术、流媒体技术、存储技术、显示技术等高新技术基础上，融合并超越了传统出版内容而发展起来的新兴出版产业。数字化出版将所有信息都以统一的二进制代码的数字化形式存储于光盘、磁盘等介质中，信息的处理与接收则借助计算机的终端设备进行，强调内容、生产模式、运作流程和传播载体的数字化、数据化、信息化，以及阅读消费、学习形态的数字化、智能化和智慧化①。

数字出版是将内容资源数字化并以数字化的方式传播出去的过程，是一条完整的数字出版产业链条，包括内容生产、版权、发行、支付平台和最后具体的服务模式，而不仅是将传统的印刷版内容数字化或者扫描到网上。

二、数字出版物的主要产品形态

数字出版物有多种产品形态，具体包括电子图书、数字期刊、数字报纸、网络游戏、数字动漫、数字视频、网络原创文学、网络教育出版物、数据库出版物等多种类型，其中与大学出版密切相关的主要为电子图书、数字期刊、数字视频与数据库出版物。

（一）电子图书

电子图书（E-book，即 Electronic Book）是通过计算机或类似设备，以数字代码方式，将图、文、声、像等信息存储在碳、光、电介质上，并可复制发行的大众传播载体。其可以将图书页的内容转变为文本、图像、照片和图形等格式。目前，国际上比较流行的阅读方式包括 Adobe 的 PDF 与微软 LIT 等。电子图书的格式分封闭格式与开放格式两种，前者以亚马逊的 Kindle 电子阅读器专有格式（Kindle Format Standard of E-book）为主导，后者以 EPUB 格式为代表。

① 张立.数字出版学导论[M].北京：中国书籍出版社，2015.

（二）数字期刊

数字期刊又称数字化期刊或电子期刊，自20世纪70年代中期诞生以来，已取得了巨大的发展。存在形式有三种：光盘形式、磁带版形式、数据库形式。其中，数据库形式是当前最为普遍的形式，查询与检索文献资料非常便捷。学术期刊与大众期刊呈现出不同的发展趋势。与传统纸质期刊相比，数字期刊具有版面无限性、容量无限性、事后可更改性、良好互动性、传播实时性等优势，但同时也存在设备依赖性与安全性低的问题。

1. 学术期刊

率先进行数字化改革的期刊为专业性学术期刊，而非大众期刊。由于学术期刊对科研成果的记载、评价、引领、传播的重要作用，代表着学科最新、最前沿的发展方向，进而被首先列入国家信息化建设项目中，得以有计划、有规模、系统化地迅速发展。多数学术期刊将数字期刊刊载于官网与多个学术期刊数据库（图1-3、1-4）。

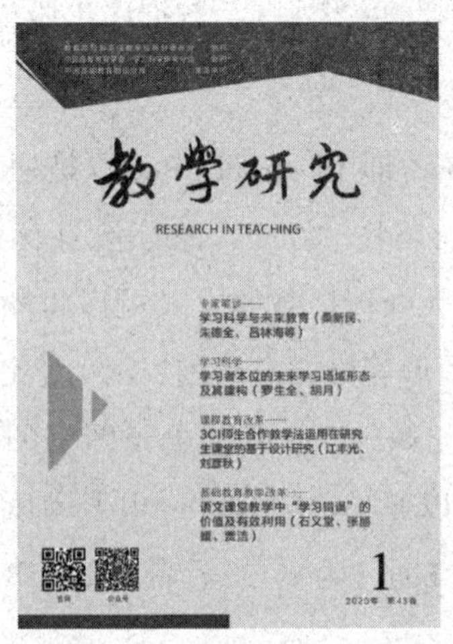

图1-3 《教学研究》期刊

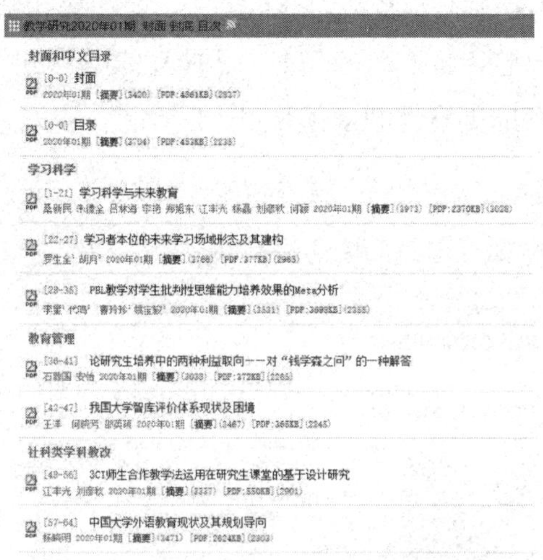

图 1-4　《教学研究》官网刊载期刊内容

我国的大型学术期刊数据库包括中国知网、万方、龙源等。“两微一端”的媒体融合也为学术期刊的传播提供了更为多元化且有效的路径，一些学术期刊还尝试“抖音”“快手”等短视频的传播方式，以实现“短、平、快”的传播效果。

2. 大众期刊

大众期刊以满足大众需求、实现经济效益为主，多采取门户网站、独立网站、电子杂志、博客等形式。以《三联生活周刊》为例，该期刊采取纸质期刊、官网网站、微信公众平台、微博等多种出版传播路径。

（三）数字报纸

2005 年 8 月，国家新闻出版总署报刊司首次提出“数字报业”。数字报纸是数字报业的表现形式之一，也被称为电子报、网络报、数字报、图文仿真报等，可集视频、音频、动画等内容于一体，具有手机报、网络报纸、二维码方式、阅读器及电子纸方式、电子纸网络报亭、无线微波传输阅读器等多种媒介形态①。就比较优势而言，数字报纸可以呈现传统报纸版面的信息，同时又能在形式上实现多媒体化，推动了内容的丰富性和立体化（图 1-5）。

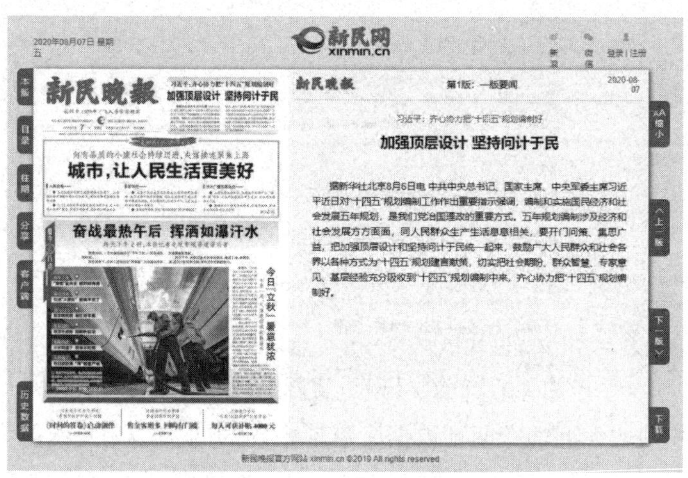

图 1-5 《新民晚报》数字报纸

（四）网络游戏

网络游戏始于 20 世纪 60 年代末，随着科技的进步，逐渐被人们接受并作为未来互联网产业的主要力量。网络游戏以电脑为客户端，以互联网络为数据传输介质，是必须通过 TCP/IP 协议实现多个用户同时参与的游戏产品。用户可以通过对游戏中人物角色或者场景的操作实现娱乐、交流的目的。网络游戏与网络音乐、网络视频共同构成了人们网络休闲娱乐的主要方式。

（五）数字动漫

数字动漫是指依托手机、网络、移动电视、数字电视、触摸媒体

---

① 来向武，赵战花. 媒介特征与传播偏向的优势——当前我国数字报纸的媒介变化探析[J]. 新闻知识，2008(1)：66-68.

等平台以数字化手段向观众展示的漫画和动画作品，包括网络动漫、手机动漫等多种传播方式，目前已经由最初的网络动漫阶段发展为以智能手机为载体的新阶段，iPhone、iPad 成为数字动漫的重要展示平台。随着 5G 时代的到来，具有强大娱乐功能的数字动漫为用户带来了更直接、更丰富的体验。

（六）数字视频

数字视频是以数字形式呈现的视觉信息①，主要形态包括户外楼宇电视、公交电视、地铁移动电视，以及围绕电脑和 3G 智能终端的网络视频与手机视频成为人们日常接触的数字化视频媒体。其中，网络视频与手机视频近年来发展非常迅速，前者包括视频分享类网站、传统电台频道的网络版、基于门户网站的视频内容与基于 P2P 技术的网站；后者主要通过手机终端向用户提供影视、娱乐、原创、体育、音乐等各类音频、视频的直播、点播与下载业务②。

（七）网络原创文学

网络文学与网络原创文学为不同概念。网络文学为以网络为载体发表的作品，以互联网为展示平台与传播媒介，借助超文本链接和多媒体手段来表现的文学作品类文学文本及含有一部分文学成分的网络艺术品。网络原创文学是网络文学的主要组成部分，具体包括经过编辑刊载到电子报刊的作品、电子公告栏（BBS）上不经编辑、个人随意发表的文学作品，以及一些电子邮件（E-mail）中的文学作品。

---

① 陈雷．数字视频在远程教育中的设计与应用［D］．长春：东北师范大学，2004．

② 张立．数字出版学导论［M］．北京：中国书籍出版社，2015：40．

（八）网络教育出版物

网络教育是指通过互联网、卫星和电信等网络，在以多媒体网络课程为核心学习资源的网络教育环境中，展开教学与学习活动的教育组织形式，具体包括电子教材教辅、电子课件、在线题库、数字图书馆、远程教育网站、综合网站教育频道等①。网络教辅出版物是网络教育的主要形态，具体包括课程讲解、试题试卷、升学考试、练习等多种类型。就试题、试卷与练习类的题库建设现状来看，往往需要前期大量的资金投入。

2015 年 7 月 4 日，国务院印发《国务院关于积极推进“互联网+”行动的指导意见》提出，“探索新型教育服务供给方式，鼓励互联网企业与社会教育机构根据市场需求开发数字教育资源，提供网络化教育服务。鼓励学校利用数字教育资源及教育服务平台，逐步探索网络化教育新模式，扩大优质教育资源覆盖面，促进教育公平”。当前，数字教育出版已经成为出版领域最受关注的产品形态之一，相关论述将于本章第四节展开。

（九）数据库出版物

数据库出版物是将同一系列或者同一体系的内容，通过数据库的形式集成出版，方便用户查询某一领域的信息。制作数据库出版物的耗时较长，需要信息全面、准确、专业。数据库出版物包括集成性网络全文数据库出版物和专题知识数据库出版物两种。其中，前者是将某个领域甚至全国的某类出版物（如期刊）集中起来，以数据库的形式汇编在一起，比如，中国知网出版的《中国学术期刊网络总库》。后者是基于集成型网络全文数据库出版物，面向用户的个性

① 陈铭. 网络教育出版的现状及发展策略[J]. 大学出版，2006(3)：23-27.

化出版物。

1. 专业知识数据库

数据库出版物中，专业知识数据库与大学出版紧密相连，多媒体数库应用也较多。国外的爱思唯尔(Elsevier)的全文数据库 Science Direct(图 1-6)与施普林格(Springer)的全文数据库 Springer Link 等都开发应用于全球的产品。专业知识数据库注重专业词库体系与专业内容分类体系等。

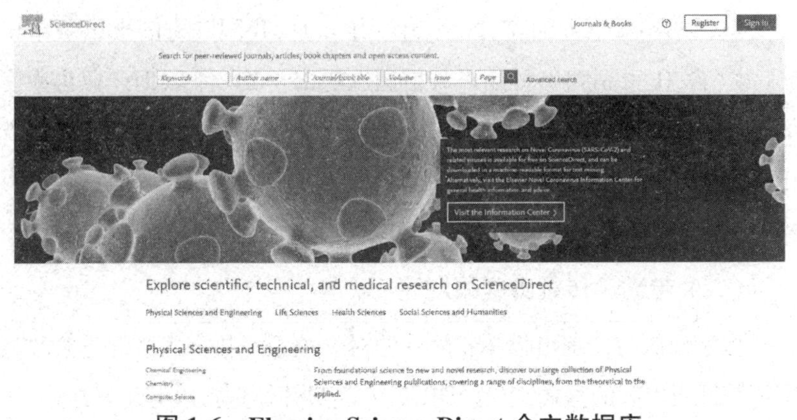

图 1-6 Elsevier Science Direct 全文数据库

2. 多媒体数据库

多媒体数据库相对于传统音像制品具有明显的优势，便于收藏、检索、使用与互动，具体包括讲座报告与教育培训两种类型。讲座报告类以名师讲坛等为代表。教育培训类以新东方在线学习库、MOOC 为代表。

三、数字出版相对于传统出版的优势

相对于传统出版，数字出版具有查询快速、存储海量、成本低廉、编辑方便、环保等诸多优点，具体分为以下三点。

（一）产业集中度更高

就期刊出版行业而言，我国有上万本期刊分布于几千家杂志社中，每家杂志社运作 1~2 种杂志，地域的分散容易造成“弱、小、散”的局面。尤其对于本研究对象——大学出版中的高校学术期刊而言，地理位置的分散导致了期刊间的资源难以整合，进而制约其长远的发展。相对而言，互联网期刊出版主要集中于中国知网（CNKI）、万方数据库、维普中文科技期刊全文数据库等，集中度更高。

就图书出版行业而言，截至 2019 年 4 月，我国共有图书出版单位 561 家（含 21 家副牌出版社），共报送选题 228 020 种①，但产业集中度低，出版资源过于分散。相对而言，四大电子图书技术平台商（北大方正、超星等）占据了全国电子图书市场的 90%以上的份额，拥有上百万的图书资源，具有极强的消费主导性。

（二）带动了传统出版的发展

数字出版与传统出版并非简单的对立关系。数字出版促进并改良了传统纸质出版的方式，丰富了出版业态，具体体现在以下几个方面。

1. 使传统纸质出版检索更为便捷

数字出版并非简单地对传统出版物进行数字化翻版，而是必须按照数字化规范的要求，对文章内容进行规范化加工、分类与集成，配以恰当的检索系统方能有效地传播。尤其是对学术期刊而言，标题、参考文献、关键词等各要素的规范对整个行业与专业知识体系的发展影响深远。1999 年 1 月，新闻出版总署印发了清华同方知网研制的《〈中国学术期刊（光盘版）〉检索与评价数据规范》，目前国

① 中国新闻出版广电报/网. 2019 年全国图书选题分析综述[EB/OL].（2019-04-17）[2020-03-30]. https://www.chinaxwcb.com/info/551963.

内绝大部分学术期刊使用了该规范，这从根本上奠定了学术文献网络传播与评价的数据基础。

2. 扩大了书籍与期刊的影响力

互联网时代，新技术使信息传播的速度大大加快，国民的阅读习惯也逐渐向互联网转变。读者阅读方式的转变也必将使传统纸质出版物的出版与发行方式发生改变。一些期刊的发行量未达到预期，但发布于互联网或微信公众平台后，点击量与传播速度远远高于纸质期刊，扩大了刊物的发行渠道。随着5G时代的到来，高频率、高质量的信息传输能力使得物联网的构建成为可能，书籍与期刊实现立体化传播，影响力大幅提升。

1）内容资源实现爆炸式增长

美国传媒大亨萨默·雷石东提出的以“内容为王”的理念历来被出版人所认同，高质量的内容资源是出版业赖以生存的基础。数字出版时代，5G等新技术的使用使知识生产的门槛更低，人们获取知识的方式也更为便捷，人人都可以成为知识信息的生产者和传播者。知识信息传播的发起者由单一个体趋向任意个体，表现形式也由单一趋于立体。出版内容不仅仅包括文字、图片，对音视频资源的需求也大幅提高，网络课程成为数字化出版的重要工作。比如，结合知识付费，一些以听书为宣传点的喜马拉雅、懒人听书等平台顺应了新时期读者的需求。

2）新技术与出版结合得更加紧密

随着第七次信息革命的到来，5G将人类带入一个移动互联、智能感应、大数据、智能学习的智能互联网时代①，集互动性、趣味性、

① 项立刚. 5G时代：什么是5G，它将如何改变世界[M]. 北京：中国人民大学出版社，2019.

影像化、游戏化等优势于一体。物联网应用的核心技术RFID使出版物的整个出版流程从生产、仓储到发行的全流程数据抓取得以实现。物联网、AR、VR、人工智能等前沿技术使出版流程更为简化、便捷,并为出版企业建立了实时反馈机制,增强了出版信息的对称性,进而提高了出版企业的经营管理水平。比如,一些出版社在纸介质出版物上印刷二维码信息,使读者在阅读书籍时,可以通过扫描二维码获取更多相关资源与信息,获得更加丰富的阅读体验。

值得一提的是,一些教材教辅图书可通过扫码链接到视频、题库、课程、讲座等方式呈现内容。童书出版领域中,产品、课程、服务成为图书出版融合发展的主要呈现形式,比如安徽少年儿童出版社的《皮影中国》AR绘本不仅有纸质图书,还通过AR技术还原故事场景的方式,既保护了中国传统艺术文化,又创新了传播方式;二十一世纪出版社的《大中华寻宝记》融合出版项目,从纸质图书衍生出广播剧、动画片、微信小程序等多媒体形态,提升了图书品牌价值和综合实力①。

3. 实现办公自动化,提升出版效率

数字出版实现了集约化生产。一些公司推出了自动化排版系统,使排版与印刷等流程更为便捷,大大降低了纸质出版物的生产成本。传统的纸质出版与数字出版同步进行,大大提升了传统纸质出版的现代化与办公的自动化程度。就学术期刊而言,多数期刊建有自己的网站,并启用线上投稿系统,可上网完成投稿、初审、外审、复审、终审的处理流程,从整体上提高了学术期刊的出版水平,使稿件录用更为透明、公平与公正。

---

① 阮征. 5G时代童书出版的应对策略——基于儿童阅读的新变化[J]. 出版广角,2020(9):9-11.

第三节　国内外数字出版现状分析

《2018—2019 中国数字出版产业年度报告》显示,2018 年我国数字出版产业收入规模达 8 330. 78 亿元,比上年增长 17. 8%;其中,移动出版(移动阅读、移动音乐、移动游戏等)达 2 007. 4 亿元,在线教育达 1 330 亿元(图 1-7)。出版单位转型融合持续深入,围绕"融合出版"规划布局,借助新技术、新形态和新媒介,在内容、产品、品牌、模式等方面持续探索。部分出版单位已经初步形成全媒体融合产品矩阵,实现了内容的多元开发和版权的多维增值。厘清国内外数字出版产业的发展脉络,对解决数字出版时代大学出版面临的问题具有重要的现实意义。

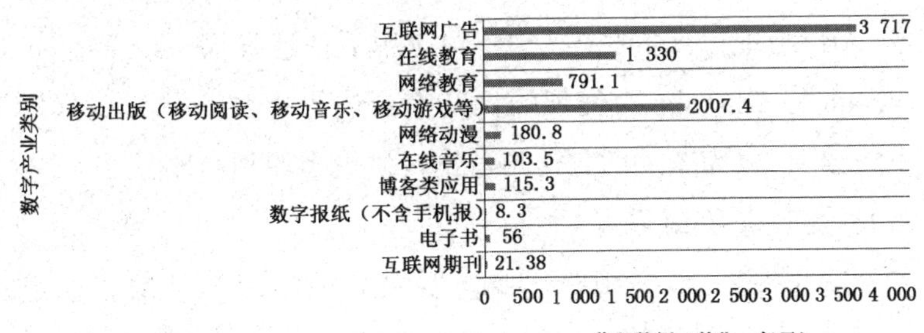

图 1-7　2018—2019 年中国数字出版产业年度报告

一、国外数字出版现状分析

美国、英国、德国、法国均属于世界出版大国。出版史显示出版业的兴盛与当时社会的科学成就、经济发展、技术革新和阅读环境密切相关①。从数字出版的国际背景来看，真正意义上的"数字出版"发源于20世纪90年代，互联网的出现使人与人之间、物与物之间、人与物之间的界限被打破。数字出版技术的使用，颠覆了传统出版的内容与生产方式、编辑加工流程、出版管理机制乃至整个出版产业的价值链。

（一）依托传统出版优势，将新技术应用于数字出版

国外的出版业集中程度高，大型出版集团往往具有悠久的历史、规模大、资源雄厚，在一些专业的出版领域具有明显的优势甚至处于垄断地位。西方出版业已经通过数字技术，形成了较为成熟的付费墙模式，在满足用户需求的同时，实现企业的盈利与快速发展。研究显示，西方发达国家的传统出版企业在数字化转型过程中，仍然在市场中占据着统治地位，且并未走下坡路②。

近年来，电子图书、数字期刊等多种数字产品形态在增强现实技术（AR）与虚拟现实技术（VR）的应用下快速发展。以 Facebook、Instagram 与 YouTube 为代表的社交平台成为大众获取与分享知识的重要渠道，也为图书的宣传与营销提供更多便利与路径。

1. 实现营收的增长

就营收来看，各个国际出版巨头布局数字出版并取得明显成效。2018年上半年的营收数据显示，西蒙 & 舒斯特的母公司 CBS 实现营收3.67亿美元，同比增长6.8%。哈珀·柯林斯2018年第三季度总收入比去年同期增长55%。

---

① 箕轮成男，杨贵山. 从西方出版史看出版兴盛的条件[J]. 出版发行研究，1992(4):61-64.

② 王志. 国内数字出版产业发展趋势分析[J]. 中国出版，2017(10):52-54.

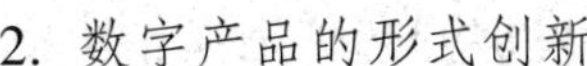

2. 数字产品的形式创新

就数字产品的形式创新来看，在线教育、有声图书等产品持续发力。企鹅兰登书屋提高了移动端的用户体验，为有30余年历史的品牌图书《笨蛋夫妇》设计了App，并首次运用3D渲染技术，以更好地呈现笨蛋先生与笨蛋女士。霍顿·米夫林·哈考特基于已出版的《好奇世界》系列丛书，专为3~7岁儿童而设计了"好奇世界"App应用程序，并设计了8个关键学习科目；为使父母了解并掌握孩子的学习情况还添加了管理功能，根据孩子的兴趣和学习进度提供反馈功能。

（二）数字出版商向知识服务商转变，版权保护法相对完善

1. 知识服务

所谓出版知识服务，是指以信息搜寻、组织、呈现为基础，以知识生产、传播、消费为流程，以满足人的精神文化需要为宗旨，以个人知识社会化、无序知识有序化为目标的社会活动①。出版服务中，知识打通各种媒介形态出版产品的壁垒（包括纸质形态与数字形态），围绕人的需求重组，面向全社会不同用户多元需求（求知需求、消遣需求、实用需求、收藏需求、社交需求等）的多元知识不断涌现。

出版业的知识服务功能，在西方社会的发展进程中扮演了重要角色。彼得·伯克（Peter Burke）在《知识社会史》（A Social History of Knowlege）中指出，"印刷业刺激了所有知识的商品化过程"②，即原来难以准确衡量价值的知识降维成有形的、生产性的、明码标价

① 方卿，王一鸣. 论出版的知识服务属性与出版转型路径[J]. 出版科学，2020(1)：22-29.

② 彼得·伯克. 知识社会史[M]. 汪一帆，赵博囡，译. 杭州：浙江大学出版社，2016：42.

的知识商品。有学者将美国的经济大发展归功于图书馆提供的知识和服务①。20世纪末,知识密集型产业的发展使得知识服务的概念再次受到大众的关注。近几年,“知识付费”兴起,业内人士和学者开始重新思考知识服务与出版业的关系。国外大型出版集团利用自身的资源优势,由开发专业领域的应用服务向服务商转型。比如,施普林格出版社凭借专业学术期刊的优势,建立了Springer Link数字平台,推出学术期刊全文数据库,为用户提供电子参考工具书。培生集团与高校合作,注重教材教育相关领域建设,专注在线教育领域内容的研发。

2. 版权保护

西方发达国家的市场经济相对成熟,产业集中程度较高,大型出版社具有行业话语权与市场控制力,对版权的保护意识也较强,数字版权保护法规相对更完善。1998年10月29日,美国总统克林顿签署通过了《数字千年版权法》(Digital Millennium Copyright Act,简称DMCA),通过立法的形式为网上作品著作权的保护提供法律依据,同时对网络服务提供商(Internet Service Provider,简称ISP)的责任予以限制以确保网络的发展与运作。

在版权保护方面,国际出台了一系列法案以保持教育、研究与获得信息之间的平衡,保证了作者的权利与广大公众的利益。其中,国际数字版权保护问题的立法包括《保护文学和艺术作品的伯尔尼公约》,对文学和艺术作品作者享有的权利、保护客体、权利管理信息的义务等都做出了规定。除此之外,世界知识产权组织1996年12月在日内瓦召开的会议上通过了《世界知识产权组织版权条

① Charles T Townley. Knowledge Management and Academic Libraries[J]. College & Research Libraries ,2001, 62(1):44-58.

约》(WIPO Copyright Treaty)和《世界知识产权组织表演和录音制品条约》(WIPO Performance and Phonograms Treaty)。这些法案的提出,对经济、社会、文化、技术中文学和艺术作品的创作与使用产生了深刻影响,显示出版权保护对文学与艺术创作积极的促进作用。

二、国内数字出版现状分析

国内的数字出版业起步较西方国家略晚,在经历了十余年的发展后,打破了传统格局,实现了以数字化、信息化与网络化为核心的转变。数字出版总量不断扩大,数字出版物的数量快速增长,数字出版产值不断创新高。传统出版与新兴出版融合发展的格局初步形成。

(一)数字出版产业发展迅速,传统出版转型效果明显

目前,国内数字出版产业已经覆盖电子图书、数字期刊、数字报纸、网络游戏、数字动漫、数字视频、网络原创文学、网络教育出版物、数据库出版物等多个产品领域。国内数字出版的整体收入实现了连年增长,国民对数字阅读的需求日益增加,相对应的是,传统纸质出版的市场份额连续下降。2015 年,国家新闻出版广电总局与财政部联合发布了《关于推动传统出版与新兴出版融合发展的指导意见》,提出推动传统出版影响力向网络空间延伸,为出版融合指明了方向、提出了任务、指明了路径,要把融合发展作为基本原则与主要工作目标。同年,国家开展了专业数字内容资源知识服务试点工作,加快推进专业化数字出版平台建设;整合资源、优化布局、提升服务。电子书 13 项内容标准、《中小学数字教材加工规范》、《数字版权唯一标识符(DCI)》、《版权权利描述元数据》等一批标准正式发布,同时国家层面对数字版权的保护力度也在不断地加强,为数

字出版产业的良性发展打下了坚实的基础。

（二）法律法规逐步健全，司法保护、行政保护、社会保护、技术保护“四位一体”

1. 司法保护

我国的数字版权保护一直在完善的过程中。比如，2005 年，我国颁布了第一部网络著作权行政管理规章——《互联网著作权行政保护方法》，并自 2005 年 5 月 30 日起实行。2006 年，国务院出台了《信息网络传播权保护条例》，首次立法规范了互联网事业的健康发展，为完善著作权保护制度、保护网络知识产权并遏制网上侵权提供了立法支持。

2. 行政保护

由于西方国家的版权保护法相对完善，侵权与盗版行为会直接受到刑事处罚，因此多数西方国家的版权法没有规定行政管理的内容。对数字版权行政管理和行政执法的保护是我国数字版权保护制度的重要组成部分，也是当前我国数字版权保护的一大特点。行政保护为制定并颁布相关管理规定并集中开展各项打击违法行为的政治活动。然而，当前我国对数字出版版权的行政保护功效并没有完全发挥出来，多是一些事后弥补性策略，缺乏前瞻性与系统性。

完善数字出版的行政保护机制，应从以下几个方面着手：（1）对数字版权的管理从宏观着手，制定统一的实施标准，并结合各个地区的特征形成完善、健全的保护体系；（2）设立专门的、与传统版权行政保护区相区分的行政机构，比如 2008 年广东省成立了数字出版行政管理机构，对重点作品与网站区分管理，减少盗版侵权行为的产生；（3）鉴于产业介质的边界很难确定，版权、公安、电信等部门应协调统一，分工明确；（4）政府要不断完善版权中介服务

体系,大力加强著作权集体管理机构建设,引导企业自查自纠;(5)主动监管、强化行政管理职能,充分发动群众力量,对侵权行为积极举报,当前的"事后举报"往往使被侵权方利益受损并处于被动地位,对侵权盗版企业应严厉打击;(6)注重行政执法的快速性与有效性,由于网络侵权不易被发现,可通过奖励举报的政策,使主管部门快速发现问题、解决问题。

3. 社会保护

数字出版的社会保护主要通过良好的著作权集体管理组织、行业协会与自律组织的体系来实施,以有效地保护版权权利人的合法权益。

1)集体管理组织

现阶段此方面存在的问题,主要是:第一,就用户方面,一些网民不愿意有偿购买数字出版产品,而是利用数字出版产品易复制与易传播的特性随意下载与使用;第二,就版权权利人方面,自身只了解本行业,而对出版版权中的法律制度缺乏了解,缺乏版权保护意识,而只有在权利受到侵害时才意识到版权的保护问题;第三,就数字出版从业者与经营者方面,或使用自身的行业优势与话语权,在经济利益的趋使下未经过版权人的同意即随意转载他人的作品。因此,2001年我国在《著作权法》中增加了"集体管理组织"的相关规定,以为版权管理组织在版权人与作品传播者、使用者之间架起便捷的桥梁。

2)行业协会与自律组织

行业协会是指介于政府与企业之间,商品生产者与经营者之间,并为其服务、咨询、沟通、监督、公正、自律、协调的社会中介组织,具有代表职能、沟通职能、协调职能与监督职能等。当前,我国出版行业协会对版权的保护作用发挥不到位，还不能充分代表数字出版企业的利益与政府进行有效沟通，也不能代替政府对企业的侵权行为进行调查，而一些行业组织只是吸纳会员进而从中收取会费而缺乏为企业、为行业服务的意识。因此，要以共同规范数字出版行业的发展为理念，成立各级、各类的数字出版行业协会，并充分发挥行业协会的作用；要加强网络媒体的自我约束能力，增加行业的自律，保证自律组织运行的公开、公正与透明；保障数字出版产业价值链得以延续的关键在于——数字出版产品消费者与公众版权保护意识的提升。

4. 技术保护

数字版权是数字出版的核心内容①。随着数字出版时代的到来，技术保护在保护数字信息文件、防止非法复制的问题上作用越来越大。我国的香港大学、北京大学、清华大学、中国科学院、北京邮电大学、西安交通大学等都进行了数字版权相关技术的研发，方正公司的 Apabi（阿帕比）与书生公司的 SureDRM 版权保护系统已较完善。当前，我国数字出版存在版权保护技术落后、缺乏统一标准，并与公共利益存在失衡的问题。数字技术为出版提供了便利，便于用户复制与传播产品。相对于数字产品复制成本低、复制简单、传播迅速、读者覆盖面广，成本趋近于零，维权的程序更复杂、成本更大。若失去对版权强有力的保护，将导致版权人的数字版权得不到保障，进而丧失内容创作的积极性，导致信息资源无法更新，人类文明进步的进程受阻。

鉴于此，首先，我国应加快对版权保护技术的研发，有针对性地

① 胡伯俊. 数字出版中的版权技术保护问题研究[J]. 新闻研究导刊，2019(11)：191-192.

使用加密技术，以防止违法、盗版行为的发生。比如，美国苹果公司运营的 App Store 与 iTune Store 已经形成了完整且具备针对性的版权保护体系，以防止音乐与软件等的非法复制与传播行为；其次，我国政府应出台针对数字版权保护的统一行业标准，以便于以此为依据改进现有的版权保护技术；最后，技术在保护版权的同时，不能过度防范用户，也应该注意保护用户的隐私信息，防止对用户信息的过度读取；应保护用户的阅读体验，也要保障出版作品的传播效果。只有这样，才能在智媒体时代对出版内容进行科学有效的保护，使数字出版稳步前行，以促进整个行业的健康发展。

第四节 数字出版时代出版产业的升级之路
——以 K12 数字教育出版为例

数字教育出版与教育信息化、出版数字化密切相关，是我国数字出版产业的重要组成部分。当前，我国 K12 数字教育出版发展迅速，灵活多样的形式与内容受到越来越多学习者的青睐。通过分析发展的特点与问题，提出顺应 5G 与智媒体时代学习者的新需求，完成从 1.0 到 2.0 的升级，创设教育出版新路径。

教育是立国之本，也是强国之路。数字教育出版是教育信息化与出版数字化融合发展的产物，纸数出版相结合的教育生态产业链已成为教育发展趋势。随着“互联网+教育”成为教育信息化 2.0 的主流发展模式，数字教育出版以开放创新与协同共享为特征，成为主流发展模式也升级至 2.0。5G 与智媒体时代 VR、AR 等技术在数字出版领域广泛应用，新兴技术融入传统出版模式之中，通过整合资源打造个性化学习平台，为师生提供了丰富的教育教学资源①。2019 年 8 月，中国新闻出版研究院发布的《2018—2019 中国数字出版产业年度报告》显示，2018 年数字出版产业收入规模达 8 330.78 亿元。与传统出版相关的互联网期刊、电子图书、数字报纸等总收入为 85.68 亿元，仅占比 1.03%；在线教育作为数字教育出版的重要组成部分，总收入高达 1 330 亿元，比 2015 年增长了 7 倍多，占比 16%②。K12 数字教育出版在互联网企业的网络资源、资本与人才投入下近年来得以迅速发展，呈现出新特点的同时，也在升级过程中面临新问题。

一、K12 数字教育出版类型及发展特点

教育信息化决定了数字教育出版的内容与灵魂，出版数字化决定了数字教育出版的骨肉和风貌③。K12 数字教育出版包括数字教材、在线课程、在线评测、电子作业、在线学习资源、在线学习平台六大类型，形成了教育资源库、电子阅读器、教育 App、MOOC 与微课等多样化的产品模式。本研究对数字教育出版的特点进行分析与总结。

（一）数字教材呈现富媒性、定制性、智能化的特征

数字教材经历了纸质教材数字化、多媒体数字教材、交互式数字教材和聚集式数字教材四个发展阶段，打破了纸质教材的单一产品模式，呈现出富媒性、定制性与智能化的特征。教材内容也实现

---

① 赵佳丽，罗生全，孙菊. 教育大数据研究范式的内涵、特征及应用限度[J]. 现代远程教育研究，2020(4)：57-64+85.

② 人民网. 2018 年国内数字出版产业收入超 8 330 亿元[EB/OL]. (2019-09-04)[2020-06-07].http://ip.people.com.cn/n1/2019/0904/c179663-31336384.html.

③ 任彦钧. 数字教育出版：从 1.0 到 2.0 的升级之路[J]. 编辑之友，2016(12)：31-35.

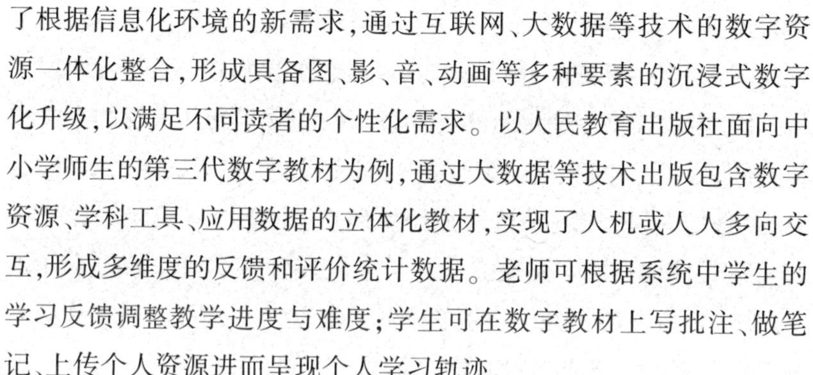

了根据信息化环境的新需求，通过互联网、大数据等技术的数字资源一体化整合，形成具备图、影、音、动画等多种要素的沉浸式数字化升级，以满足不同读者的个性化需求。以人民教育出版社面向中小学师生的第三代数字教材为例，通过大数据等技术出版包含数字资源、学科工具、应用数据的立体化教材，实现了人机或人人多向交互，形成多维度的反馈和评价统计数据。老师可根据系统中学生的学习反馈调整教学进度与难度；学生可在数字教材上写批注、做笔记、上传个人资源进而呈现个人学习轨迹。

（二）在线教育企业发展迅速，品牌效应凸显

《中国互联网络发展状况统计报告》显示，2020 年 3 月我国网民规模已达到 9. 04 亿，在线教育用户总数连年增长，已达到 4. 23 亿，占网民总数的 46. 8%。数字教育出版实现了 K12、高等教育、职业教育、全学科覆盖，成为互联网教育的核心板块。人民生活水平不断提高、可支配收入增加，80 后、90 后父母教育意识增强，这些因素使得 K12 在线教育市场日益成熟，需求进一步扩大，在线教育企业快速发展，品牌效应凸显。好未来、猿辅导、作业帮等 K12 在线教育企业通过在线课程与在线学习资源优势布局数字教育出版领域并实现了快速发展。在课外辅导、语言学习与作业习题等领域已经出现头部企业，品牌作用加剧了马太效应，也加快了企业间的优胜劣汰。以网易有道为例，当前已形成日活跃量达 1 500 万人的产品矩阵，旗下的 K12 有道精品课 2018 年营收增长 60%，付费用户增长了 5 倍。猿辅导在线教育累计用户突破 4 亿人。

（三）在线学习平台与学习资源满足个性化需求

出版企业已经由教育内容提供商向教育内容服务提供商转变，通过升级服务观念，以学习者为中心、以移动为先、以内容为王，主

动根据其需求调整内部流程以克服服务导向生产;研究学习者的个性化需求,增强服务的针对性与精准性;构建智能的适应性学习支持系统平台,提供个性化的解决方案。以成立于清华大学的中文在线为例,通过"一种内容、多种媒体、同步出版"的全媒体出版模式,实现"任何人可以在任何时间、任何地点,以任何方式获得任何内容",满足使用者的个性化需求。与中央教育科学研究所等合作推出"中小学数字图书馆",并打造"电子书包",汇集了3 000种精品数字图书和500集有声图书数字资源。

(四)在线评测与电子作业形态多样,形成闭环体系

学习效果的评价与考量对数字教育出版至关重要。一些数字出版企业已形成相对成熟的闭环体系,运用大数据技术和标准化的数据模型,将评测与题库相结合,为学生提供个性化服务。通过提供学习评价量表并为学习者配备课后班主任,为学生明晰预期学习成果、巩固学习效果提供依据。电子作业以在线评测、题库、组卷、作业数据回收和分析为主,配合传统教育基本模式优化改造作业环节。比如,一起作业App使学习更具趣味性,汇总当天错题并为未掌握的知识点安排再次练习;将英语单词设置成闯关游戏模式,提供相应的奖励;增加对家长学习情况反馈与互动环节,家长可为孩子发送鼓励话语,便于了解孩子的学习情况与情感交流,提升了学习效果与产品的黏性。

二、现阶段K12数字教育出版问题分析

(一)产品类型趋同,盈利渠道有待拓展

"十二五"以来,国家以"三通两平台"为抓手,推进信息化建设。2018年,教育部颁布《教育信息化2.0行动计划》,更加强调互联网

的大资源观。当前,数字教育出版主要集中于内容与市场资源的争夺上。名校、名师、名出版社、名辅导机构成为稀缺资源,纸质教辅材料发行量与利润空间越来越小,盈利渠道有待进一步拓展①。数字教材、在线评测与电子作业产品打造中,百万级题库需要大量前期资金的投入,而现实是付费比例偏低、在不同区域与领域中发展不平衡、产品同质化,个别业务是“新瓶装老酒”,这些都导致了数字教育出版盈利问题。在线教育通过免费学习资源使学生通过做题发现知识环节中的薄弱点,进而引导流量至线上辅导产品或者线下辅导机构以实现价值变现,成为主要盈利渠道之一,而这种盈利模式也具有局限性。

K12 数字教育出版中个性化混合教学类产品与以学生为中心代表国家基础教育改革发展方向的产品尚少。基于网络的远程学习服务具有成本低、交流方便、可利用碎片化时间等优点,但海量教育资源与学习者对知识付费的个性化需求存在矛盾。针对用户甄选学习资源,有效地提升用户学习效率与学习体验成为 K12 数字教育出版成败的核心要素。K12 数字教育出版的用户特征明显,教师日常时间比较紧张,精力有限;学生年龄较小、自主性差;二者需要共同面对小升初、中考、高考等关键考试;校内优质教育资源与外部基础教育领域共享之间存在矛盾。教育信息化是一个庞大的系统工程,处于行业链条中的教学人群、教育消费人群等都具有不同的需求,如何通过技术满足不同需求的问题亟待解决②。

---

① 李磊,闫亚武.数字教育出版的发展现状与对策[J].出版广角,2019(21):37-39.

② 余庆,彭文波.面向基础教育的数字出版盈利模式探析[J].出版科学,2013,21(6):13-15.

（二）人才管理机制与人才队伍结构亟待调整

数字教育出版中教育界与出版界存在“两张皮”现象，配套的人才管理机制与人才结构亟待调整。目前，行业尚无从业人员准入标准，以在线教育为例，一般只强调授课教师的任课资质，但对应线上教学“一对一”服务的“班主任”等人员未建立相应的资格准入制度。数字教育出版属于新业态，具有不确定性，因此需要大量的创新型人才、复合型人才、专业型人才对领域进行开拓、尝试与探索。就创新型人才而言，需要创新的思维、创新的模式、创新的应用，从业人员既要有扎实的专业知识也要有互联网思维；就复合型人才而言，需要懂教育、懂心理、懂技术、懂出版的复合型人才；就专业型人才而言，一方面需要掌握信息技术研发的人才与编辑人才，也需要教育教学人才进行教学方案设计，还需要有运营与销售人才。

三、K12 数字教育出版升级的路径创新

（一）以“内容为王”布局产业，加强人才梯队建设

数字教育出版的核心竞争力包括内容、用户基数与智能技术；教育信息化中的资源包括内容资源、教育资源和平台。内容均处于最关键位置，是数字教育出版的核心竞争力。80 后、90 后家长对知识付费的接受力更强，数字教育出版的内容也应进行调整，在内容布局上不仅限于语数外等升学应试科目，配合教学大纲提升学习效果，也可拓展到音乐、绘画、棋类、心理健康等素质教育层面，以名师名课资源吸引更多用户。比如，VIP 陪练网站为 K12 提供一对一在线乐器陪练，丰富了在线教育的授课领域；作业帮、猿辅导等纷纷推出名师讲堂、大师课等，提供了比传统 K12 线下教育更具多样化与针对性的教育服务样态。

打造K12领域创新型人才、复合型人才、专业性人才梯队，加快5G对出版流程的改造，加强对人工智能、大数据、物联网、VR/AR等技术的创新与应用，实现平台优化、资源整合，强调用户的体验。传统教育出版单位要加快构建数字教育出版生态圈，整合K12在校教育资源（教学课件、微课、实验等）与企业对接。借助资本的力量研发课堂教学的产品，对接业内最长的产业链条：硬件—学习管理平台/课程管理平台—内容App等。进一步丰富产品类型，增强服务意识。人民教育出版社创新出版形式，出版教材配套有声读物，为基础教育阶段学习者提升学习认识，进行沉浸式、情景式学习创造了条件。江苏教育出版社打造K12教育资源库——数字化题库、教学微视频库、助教资源库，并为9种教材配套辅助教师备课、授课的数字化教学资源库，包括教学设计以及课件PPT等达到2 800个课时。5G技术实现了无时延课堂互动，也使通过全息投影技术进行网上授课成为可能，为丰富在线教育形式提供技术支持。

（二）打造行业IP，实现"精品化、品牌化、特色化"发展

当前，K12数字教育产品竞争同质化，用户就学自愿的特性使企业需着力于自身的核心优势，走精品化、品牌化、特色化路线；竞争与竞合并举，合作对象包括教育部门、教育信息化领域的专家、友商等；打造线上线下相结合的品牌矩阵，全面提升数字教育品牌的影响力；探索多渠道盈利模式，以用户思维、流量思维、迭代思维打造数字教育出版IP。就新媒体宣传方面，要充分利用"两微一端"媒体融合的方式，结合微信社群与"抖音""快手"等短视频营销手段，实现数字教育出版的"短、平、快"特色化宣传路径转型。5G高速度、低时延的特性为大流量的视听阅读场景等提供了物质支持，为学习者提供个性化的学习内容，使数字教育资源组织管理、分析记录学

习者的学习流程与学习效果能为便捷,“特色+技术+全媒体宣传”催生了数字教育出版的独角兽企业。猿辅导在线教育联合江苏卫视《最强大脑》节目IP,以脑科学专家为特色打造在线教育IP。新东方在线教育不断调整营销重心,从翻转课堂、拍照搜题,发展为“一对一”直播与双师模式,再到重点打造网红教师,将线上线下教育相结合,构建了完善的数字教育生态体系。成立于清华大学的中文在线集团,利用出身高校的学术资源优势,以教育部教改试点项目为依托布局MOOC与K12市场。

(三)结合学习者特点,把握“互联网+”与“分享经济”

K12数字教育出版从公立学校切入难度大,因此目标市场相对于语言学习与职业教育学习等领域被切分。要充分考虑目标用户年龄跨度大、需求多样、自主学习能力较低的特点,基于不同年龄学段特点为用户量身定做不同的学习模式。现阶段,我国K12教育倡导有爱的素质教育理念,既为学生传授知识,也注重情感与经验交织的生命体验,主要包含“为人”和“为学”两方面,既使受教育者学习到基本生产与生活技能,又能接受某一文化空间中普遍存在的价值观念与伦理规范。因此,在内容方面要兼顾年龄需求、为人为学等诸多方面,对低龄儿童运用VR/AR技术,增强学习代入感与趣味性体验,提升教学过程的交互性,打造立体课堂,注重素质教育与良好习惯养成;面对升学压力的初中、高中生就要以提升学习效率与效果为主,增加在线反馈与互动,通过大数据定位学习的薄弱环节。

《中国教育现代化2035》提出,要加强课程教材体系建设,科学地规划大中小学课程,分类制定课程标准,充分利用现代信息技术,丰富并创新课程形式。“互联网+”不仅作为数字教育出版的工具,也将知识、技术、资本与各种社会资源最大限度地调动起来,打造环环相扣的产业链,带动泛在学习环境及个性化、定制化教育的发展,使教育从"教"向"学"转变、从"知识传授"向"体验探索"转变。"分享经济"以互联网为依托,具备资源流动与有效配置、各主体积极参与、较好的用户体验与供需快速匹配的特征。数字教育出版中的学习资源分享模式基于用户就学自愿的特征,通过对产品体验与效果的评价、鉴定、分享等加快了数字教育出版产业的发展。

(四)打通教育信息化与出版数字化间壁垒,拓展盈利模式

K12 属于特殊教育阶段,具有高度组织化的特征:学生由教师组织,教师由学校组织,而学校受政府管理。这一特点使产品受地区教育系统的影响较大。鉴于此,企业要加强与学校、政府部门的合作,打通教育信息化与出版数字化的壁垒,进入基础教育核心阵地,充分利用自身资源与渠道优势,将融合市场放在企业端与政府端。学科网通过学校购买产品后由开通单一共享账号升级为每个用户一个账号,推广至 1.75 万所学校,转化 154.98 万教师用户账号,通过试卷下载、教师创作内容单笔下载、合作出版机构电子书下载、学生使用的题库下载等形式,实现客户端用户线上购买盈利。

四、小结

2015 年 5 月,习近平总书记致信国际教育信息化大会:因应信息技术的发展,推动教育变革和创新,构建网络化、数字化、个性化、终身化的教育体系,建设"人人皆学、处处能学、时时可学"的学习型

社会[①]。K12 数字教育出版要顺应历史发展的潮流,依托网络技术打破传统群体限制与时空局限,代表未来基础教育与未来出版样态,为培养有爱且全面发展的社会主义接班人提供个性化的支持与服务。

① 习近平. 习近平讲故事:人人皆学 处处能学 时时可学[EB/OL].(2018-07-10)[2020-06-19]. http://cpc.people.com.cn/n1/2018/0710/c64094-30136407.html.

第二章

高校学术期刊的使命与追求

第一节　研究对象的界定

本研究的研究对象为大学出版,具体包括高校学术期刊与大学出版社两部分。对研究对象的界定,有益于更清晰地分析高校办刊、办社中面临的问题与困境,进而分析解决策略,指明发展路向。

一、大学出版

大学出版由两部分构成——高校学术期刊与大学出版社。高校学术期刊又可分为高校专业性学术期刊与高校综合性学报两个部分。

(一)高校学术期刊

《中国大百科》新闻出版卷按内容将期刊分为:一般期刊、学术期刊、行业期刊和检索期刊。其中,学术期刊相对于非学术期刊而言,主要发表经同行评审,涉及特定学科的学术论文;通过将相关研究领域的成果见刊,起到展示和公示的作用;内容以原创研究、综述文章、书评等形式为主。非学术期刊则是刊载以文件、报道、讲话、体会和知识等只能作为学术研究资料而不是学术论文为主的文章①。学术期刊的主办方有高校、科研院所、专业学会与企业办刊等多种。数据显示,高校学术期刊的数量已占我国学术期刊总数的半壁江山。

数字出版时代,高校学术期刊在发展路径的选择上面临着新的挑战,一方面,既要彰显对“学术自由”与“学术平等”的追求,也要兼

① 韩顺友.高校学报与学术期刊研究[M].开封:河南大学出版社,2014:前言。

顾现行的学术期刊评价制度;另一方面,相对于企业办刊呈现出“弱、小、散”的问题。当前,改革已如同悬在高校学术期刊头上的“达摩克利斯之剑”,高校学术期刊走向何方,已成为亟待学界与出版界解决的重点问题之一。

(二)大学出版社

大学出版不等同于大学出版社,二者内涵不同。大学出版社为大学出版的构成之一,为大学主办的出版社。随着我国大学出版社转企改制的基本完成,大学出版对市场的迎合加剧,而对母体大学资金上的依赖也将越来越小。

(三)二者不同的结构关系

就国内外大学出版的内部结构关系来看,不同大学存在较大的差异。大学出版系统的内部划分,依各校的具体情况而不同,主要区别在于高校学术期刊的主管单位不同——是否直接隶属于大学出版社,以及在大学系统中所处的层级不同,具体关系如图 2-1、图 2-2 所示。

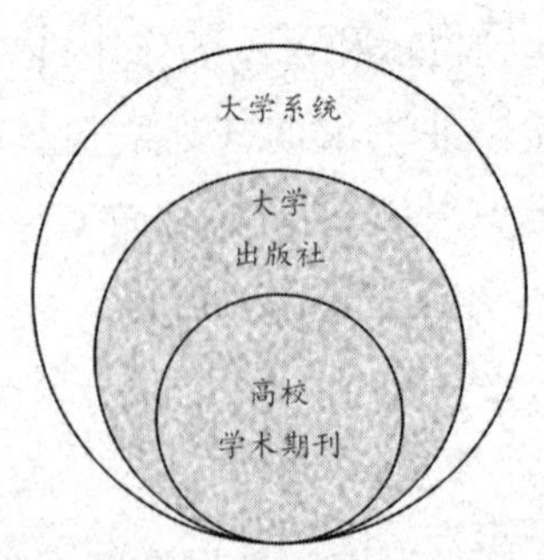

为“大学出版系统”界定范畴

图 2-1　大学出版社与高校学术期刊结构关系(一)

1. 英美国家学术期刊

英美国家学术期刊的主办方有大学出版社与出版集团(或出版社)两种。以英国为例,大学出版社多为非营利性机构,大学出版社与高校学术期刊结构关系如图 2-1 所示,以牛津大学出版社(Oxford University Press)与剑桥大学出版社(Cambridge University Press)为代表的大学出版社主办了数量众多的高水平学术期刊;营利性出版集团中,以施普林格·自然(Spring Nature)与里德·爱思唯尔(Reed Elsevier)为代表的出版机构主办了《自然》《细胞》《柳叶刀》《四面体》等世界一流学术期刊(表 2-1)。

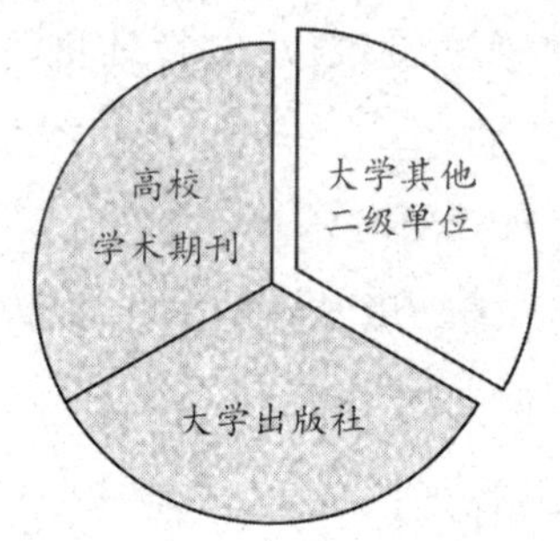

▨ 为"大学出版系统"界定范畴

□ 为"大学其他二级单位",这些学部、院、系也可下设学术期刊的办刊机构。

图 2-2　大学出版社与高校学术期刊结构关系(二)

2. 我国学术期刊

从我国高校学术期刊的隶属关系来看,主办方均为高校,但存在机构设置中层级划分的差异。一些学术期刊还存在与行业学会的合作关系,采取主办单位与学会合作办刊的形式,比如北京大学与中国化学会联合主办的《物理化学学报》。

表 2-1　具有代表性的英国学术期刊出版机构

<table>
<tr><th colspan="3">出版机构</th><th>成立时间</th></tr>
<tr><td rowspan="2">非营利性</td><td colspan="2">牛津大学出版社</td><td>1586 年</td></tr>
<tr><td colspan="2">剑桥大学出版社</td><td>1534 年</td></tr>
<tr><td rowspan="4">营利性</td><td>施普林格出版集团</td><td rowspan="2">施普林格 · 自然</td><td>1941 年</td></tr>
<tr><td>麦克米伦出版公司</td><td>1834 年</td></tr>
<tr><td>里德国际公司</td><td rowspan="2">里德 · 爱思唯尔</td><td rowspan="2">1993 年</td></tr>
<tr><td>爱思唯尔公司</td></tr>
</table>

以大学系统的管理层级划分，我国高校学术期刊机构设置有以下三种类别：(1)为大学二级单位，以教辅机构或科研机构的形式(期刊社等)设置，归母体大学直接管理(图 2-2)，比如北京大学主办的《北京大学学报(自然科学版)》《大学化学》《中外法学》等；(2)归属大学的二级单位——大学出版社直接管理，机构设置于大学出版社内(图 2-1)，比如清华大学主办的《清华大学学报(自然科学版)》《物理工程》《科技与出版》等；(3)归属高校中学部、院、系(多为二级单位)的管理(图 2-2)，比如北京大学主办的《国外文学》设于其外国语学院。

3. 对本研究对象的界定

鉴于国际与国内大学出版的发展现状，为进一步提高研究的严谨性、针对性与科学性，本研究对大学出版的范围予以详细的界定。

1) 界定原因

高校学术期刊与大学出版社在大学出版内部的重要性与地位为客观的并列关系，无法判断孰轻孰重。但笔者在研究的实际过程中，发现二者存在显著的差异：(1)层级不同，或为包含关系。在大学的机构设置中，二者层级有所差异，一些高校将对学术期刊的管理权下放至大学出版社——大学的二级单位，而非直接将学术期刊的出版机构设为二级单位；(2)绝大部分高校只有学术期刊，无大学出版社。绝大部分高校办有自己的学术期刊，一些“双一流”高校主办的学术期刊高达十几种甚至几十种之多，而设有大学出版社的高校仅占国内高校总数的4%。

2）研究对象的界定

鉴于此，本研究对大学出版的两个组成部分进行界定。为使论述思路更为清晰，本研究将高校学术期刊的机构设置按照归属大学二级单位——大学出版社直接管理的类别作为研究对象。研究对象具备高校学术期刊的普遍共性与代表性。

大学出版社的界定为：大学主办的进行图书、图画、杂志、报纸和电子物品等有版权物品的出版活动的组织。

高校学术期刊的界定为：主要发表经同行评审，涉及特定学科的学术论文；通过将相关研究领域的成果见刊，起到展示和公示的作用的高校主办的学术期刊。

本研究以大学出版社内的高校学术期刊为研究对象，对大学出版社与高校学术期刊就以下三点进行补充说明：(1)二者均对大学的发展乃至整个社会的进步起重要作用，具有同等重要性，本章与下一章将分别予以阐述。(2)在数字出版时代的路向选择中，由于二者的传播路径具有一致性，因此本研究范畴为机构设置隶属于大学出版社的高校学术期刊类别。高校学术期刊被视为大学出版社的子系统。对大学出版社的论述结束后，笔者不再对高校学术期刊的传播新路径予以赘述。(3)高校学术期刊在不同高校机构设置的层级关系中存在较大差异，但由于高校主办的性质使其属性不变，因而层级关系对期刊的整个办刊流程与所刊发学术成果质量的影响可忽略不计。

二、高校学术期刊的分类

高校一方面是高等教育实施的重要载体与场所,另一方面也是高级创新型人才、专家、学者非常集中的机构。当前,我国高校学术期刊主要由高校综合性学术期刊(高校学报)与高校专业性学术期刊两类构成。

(一)高校综合性学术期刊(高校学报)

高校学报是综合性的,由高校主办的,以反映本校科研与教学成果为主的学术理论刊物,以学术性为本质。刊名一般为大学名称加学报两字,一些高校学报还会用括号区分文、理版,如北京大学主办的学报《北京大学学报(自然科学版)》与《北京大学学报(哲学社会科学版)》。

高校学报具有学术性、内向性、综合性、理论性、地方性、全校性等特点。学术性为其根本特性,区别于一般普及性、知识性与宣传性的刊物。"学术性"即系统而专门的学问,要建立在深入研究的基础上,广泛搜集材料,去伪存真,具有独特的视角与见解。内向性是其第二特点,指学报以内稿为主,由本校师生提供大量稿源。也有学者将"内向性"解读为"全校性",都指学报以反映本校学术教学成果为主,校内的科研、教学、人才质量,直接关系着学报的办刊质量与水平①。

教育部曾在文件中明确指出:"高等学校学报是以反映本校教

① 孙莉.大学精神视域下高校学术期刊发展路径研究[M].秦皇岛:燕山大学出版社,2020.

学科研成果为主的综合性学术理论刊物。”从政策上规定了高校学报服务母体大学教学与科研等各项工作开展的基本职能。

（二）高校专业性学术期刊

专业性学术期刊属某一专门领域的学术交流平台①，专门报道该领域的创新性研究成果，为研究人员提供学术交流与争鸣空间，属于学术理念的物质实体，是一种特殊的文化商品，具有专业性、学术性与严肃性的特点。它往往被划定在一定“圈子”内，比如管理类、教育学类、经济类，与其他“圈子”界限相对分明，不容易产生交集，又由于所属学科的特性，在各自圈子中具有独特的影响力，受众面更集中、传播目标更准确、传播效率（互引率）更高。同时，专业性学术期刊的辨识度较高，由刊名大致可知发文范围，由栏目名称大体可知个性，进而辨识学术风格和特色。特色办刊可提升学术期刊在“圈子”内的知名度与学术声誉。

比如，北京大学主办的《中外法学》为中文核心期刊，编辑部设于其法学院；北京大学主办的《经济科学》为中文核心期刊，编辑部设于其经济学院；北京大学主办的《国外文学》为中文核心期刊，编辑部设于其外国语学院；还有一些学术刊物由学校与专业协会共同主办，如《物理化学学报》由中国化学会与北京大学共同主办②。

三、高校学术期刊编辑队伍的构成

高校学术期刊编辑队伍一般由三部分组成：主编、编委会和编

① 高雪莲，杨慧霞，付中秋，等．专业学术期刊与学科发展相辅相成［J］．编辑学报，2014，2（1）：71-73．

② 孙菊．大学精神视域下高校学术期刊发展路径研究［M］．秦皇岛：燕山大学出版社，2020．

辑人员 。

（一）主编

主编在学术期刊的发展中发挥着至关重要的“领头羊”作用，是办刊、治刊的主体，影响着整个学术期刊在学界的地位。一般学术期刊的主编为具备较高学术水平的学者，具有相对广泛的学术声誉与影响力，一方面能够准确地把握学术前沿动态，另一方面也能够汇聚高水平的作者资源。在整个审稿流程中，主编主要负责的环节为终审与决选。决选的标准为整个期刊的学术水平提供一个标尺。当前，学术期刊的主编要实现角色的转变，即从管理者向创业者转变、从学者向活动家转变、从科研型向策划组织型转变。

（二）编委会

编委会是为出版某一图书、期刊、教材、丛书等而设立的编辑委员会，简称编委会。高水平学术期刊的建设离不开高水平的编委队伍。在我国学术期刊出版史中，最早拥有真正意义上编委会的学术期刊为陈独秀编辑的《青年杂志》。1919 年，由陈独秀、钱玄同、高一涵、胡适、李大钊、沈尹默等组成的《青年杂志》编委会正式成立。编委本身为期刊所属学科的权威专家与学者，对稿件质量与内容正确与否进行判断、讨论与取舍，对期刊内容负责；能够负责期刊的整体布局；编委往往遍布多所高校与科研院所等，在业内具有影响力，因此很容易建立起一支专业的撰稿人队伍。

（三）编辑人员

1. 具备专业底蕴的知识构成

编辑需要结合期刊的层次筛选稿件。审稿流程中的各个环节都凝聚着编辑的劳动与智慧。这些工作以足够专业知识的积累与对学科发展最前沿方向的把握为基础,要对学术的发展有一定的预测能力。国内外学术期刊的主编与编委都为本专业领域的著名专家或学科带头人,编辑人员也应具备专业的学术知识,以准确地把关稿件的学术水准与创新性。

数字出版时代,编辑人员或责任编辑的知识构成应包括:专业知识、英文知识、出版知识、统计知识与较强的文字功底,以及"两微一端"的融媒体知识,甚至需要增强对最新传播技术与手段的敏感性,学习抖音、快手等社交短视频的制作知识等。

2. 动静结合,文字处理做到"信、达、雅"

就工作状态来看,编辑既要能坐得住冷板凳,字斟句酌;又要成为社会活动家,具有学术影响力与号召力。有学者用王国维在《人间词话》中谈到的学者境界来诠释学术期刊编辑的工作境界,二者具有共性:"古今之成大事业、大学问者,必经过三种之境界。'昨夜西风凋碧树,独上高楼,望尽天涯路',此第一境也。'衣带渐宽终不悔,为伊消得人憔悴',此第二境也。'众里寻他千百度,蓦然回首,那人却在灯火阑珊处',第三境也。"学术期刊的特点要求高校学术期刊编辑具有上述素质①。

高校学术期刊已经成为展示母体大学学术水平与工作人员精神风貌的重要窗口。大学出版的水平不能仅仅以码洋等企业办刊、办社的标准来衡量,因为这关系到母体大学的学科发展与人才培养等诸多方面。因此,高校学术期刊编辑同样要遵守严复先生所提出的、翻译工作中的"信、达、雅"原则:"信"是指遵循原文表述,编辑在对于文章通读和理解的基础上,对文中表述不明和存疑的知识点与

---

① 孙菊. 大学精神视域下高校学术期刊发展路径研究[M]. 秦皇岛:燕山大学出版社,2020.

作者及时、全面地沟通、核实;“达”是指学术论文的用词要清晰、明确,结构要合理,逻辑关系要层次清楚,避免晦涩、拗口、难懂的语言表述,将论文意思清晰、明了地表达出来;“雅”是指学术论文虽然不是典型的文学作品,但也要以美感和情感效果取胜,行文流畅,具有文采和可读性,注意句式和结构的表述①。

3. 对稿件进行规范化操作

编辑需对来稿按照统一的框架格式进行编排,比如,参考文献要遵守国家最新颁布的行业执行标准,以《信息与文献　参考文献著录规则(GB/T 7714—2015)》为参照。要对文章重要信息进行仔细的校对:图表的要素是否完整、图表的样式是否符合期刊的要求、基金项目信息是否完整、注释和参考文献是否可靠及其准确性等。在文章的排版方面,有一些文章的改动是因为版面原因而作出的调整,比如,因为排版导致的文章转接问题,这就需要编辑结合文章的内容,根据论文表述的需要,通过删减、补白等方式对文章进行灵活的加工。学术论文若处理好,不仅保持了文章内容的完整性、严谨性和条理性,不留刻意加工过的痕迹,而且版面更为美观;若处理不好,则影响文章的表述,使版面拥挤、刻板、不够美观。这都需要高校学术期刊编辑在实践的过程中,不断地摸索、领悟、总结,保持严谨与热情的工匠精神。

大学出版以公益性为主,如美国与日本的大学出版社均为非营利性机构,英国的大学出版社(牛津大学出版社与剑桥大学出版社等)也需要母体大学、政府与社会的资金支持以维持运营。

① 孙菊.大学精神视域下高校学术期刊发展路径研究[M].秦皇岛:燕山大学出版社,2020.

第二节 数字出版时代
高校学术期刊的使命与追求

高校学术期刊具有所有学术期刊的共性作用,即记载作用、评价作用、引领作用、传播作用,除此之外还肩负着自身的历史使命。从高等教育发展史来看,大学的作用随社会发展的变化而不断改变,随着大学发展步入"前瞻性大学"的历史阶段,高校主办学术期刊的使命也在随母体大学作用的变化而不断变化。

从国家的视角来看,高校学术期刊因其特殊性,追求学术自由与学术平等,为不同学术观点提供争鸣与激辩的平台,肩负着提升中国在国际学术领域话语权的使命。从母体大学的视角来看,高校学术期刊在提升服务能力、服务学校发展目标、引领学科发展、报道学术新闻、协办学术会议、分享专家讲座与完成育人使命等方面显性作用于母体大学的发展。

一、高校学术期刊与学术话语权

(一)研究背景

习近平总书记指出,提高国家文化软实力关系到"两个一百年"奋斗目标和中华民族伟大复兴中国梦的实现。2018 年 11 月 1 日,中国科学技术信息研究所发布的 2018 年中国科技论文统计结果显示,我国在顶尖学术期刊上发表论文数量排名已前进到世界第 4 位,国际论文被引用次数排名保持世界第 2 位。

原新闻出版广电总局颁布的《关于规范学术期刊出版秩序促进学术期刊健康发展的通知》指出,学术期刊要立足自身学科和研究领域,注重专业化发展,发挥学术优势,不断提升学术水平和学术影响力。然而,我国的学术发展现状仍存在学术话语影响力不足、话语权较弱的问题,长此以往将导致学术失语与学术失守的问题,不仅危及学术自身,也会给国家和民族带来负面影响。习总书记在哲学社会科学工作座谈会上指出:“我国是哲学社会科学大国,研究队伍、论文数量、政府投入等在世界上都是排在前面的,但目前在学术命题、学术思想、学术观点、学术标准、学术话语上的能力和水平同我国综合国力和国际地位还不太相称。”学术期刊作为国家科研和文化软实力的重要组成部分,是学术成果交流与专业文化传播的重要平台,也是文化传承的主要媒介,在繁荣科学研究、推动文化创新、促进经济社会发展和科学技术进步等方面发挥着不可替代的作用。学术期刊的编辑队伍要明确自身的历史使命,也要兼备问题意识与完成学术使命的意识。

(二)高校学术期刊提升中国学术话语权的路径

当前,我国学术话语权的国际影响力相对薄弱,“学界所操持和秉有的话语、规则、观念、标准等多是西方的,而中国本土仍具文化活力与生命力的学术话语、语言、资源、范式等则被学者有意、无意地遗忘与抛弃。”①尤其是在哲学社会科学领域的经济学、法学、政治学中,仍以西方学术界的主流话语为主导,中国原创性的学术话语与概念鲜有输出,导致“话语逆差”问题出现②。究其原因的产生,一是国内一些学者对西方学术权威的过度崇拜,对国际化的盲目追捧;二是部分学者在功利主义的驱使下,学术失范、学术不端、学术

① 曾洪伟. 学术失语致文化失守[N]. 中国社会科学报,2013-03-11(3).

② 张志洲. 提升学术话语权与中国的话语体系构建[J]. 红旗文稿,2012(13):4-7+1.

腐败等学术越轨行为不断产生；三是我国现行学术期刊评价制度的负面效应——“以刊评文”，以及“学术马太效应”的影响。

高校学术期刊是学术领域前沿智慧与理论创新的重要载体之一，而编辑是办刊的具体执行者。因此，高校学术期刊编辑要加强对话语体系建构的责任意识，不能对西方思想与研究模式盲目崇拜，也不能仅囿于国内各种评刊体系的条条框框，以免失去对新概念、新范畴、新表述的追求，进而无法塑造学术期刊的核心价值与核心竞争力，无法获得国际科研领域中的话语权，无法为我国学术成果搭建具备国际影响力的学术平台，进而提升国家的文化软实力。

1. 编辑要成为学术创新与学术繁荣的引领者

学术期刊编辑应该从“为他人做嫁衣”的“旁观者”，主动走到学界的中心，成为学术创新与学术繁荣的引领者。长期以来，编辑一般将精力用于“字斟句酌”的文段、语句的加工，甚至一度被认为是在做边缘化的辅助性工作。随着数字出版时代的到来，编辑需要具备长远的学术眼光与学术修养，除对文章的技术规范性把关、意识形态把关、内容质量的把关，还需要具备良好的沟通能力，与作者、读者能够充分地协调与沟通。比如，大到论文的结构、逻辑、数据等，小到引文与参考文献，必要时都需要与作者进行有效的沟通；对同行评议的意见，不能不经过消化就全部转发给作者，而应消化、辨别，提出有见地、细致可行的建议，语气表达使作者能够乐于接受、有效修改。

“好的编辑甚至还可以起到策划学术、引领学术，甚至改变学术的潮流、重塑学术史的面貌的作用。”①学术期刊汇集了不同学者的

① 龙迪勇．编辑工作对学术研究的影响[J]．江西社会科学，2007(5)：21-25.

先进科研成果，像一面学术旗帜引领学科发展的方向，而编辑队伍就像这面学术期刊旗帜的执旗人。高校学术期刊编辑应培养发现作者科学研究创新性“慧眼”的能力，提升学术素养，能够在海量稿件中辨别、挖掘各种体现新理念、新思维、新方法的文章，为科研成果“新”“旧”的界定与创新的引导打上编辑的烙印。

一般高校学术期刊与本校学科设置的情况相对应，编辑应与本校教师保持学术上的交流与互动，将本校学科与教师资源作为了解学科前沿发展趋势的一个重要窗口。比如，通过发掘创新性的论文并安排在期刊上发表后，引起学界的关注与讨论，进而启发新的研究视角与研究思路，编辑可以就此“学术热点”再次进行约稿与组稿，引领学科发展的新方向。

2. 编辑提升自身素养以完成学术使命

编辑的素养直接关系着期刊的质量。20 世纪 80 年代以来，中国的学术话语体系以引进西方话语为主，学术研究集中在翻译、考证、梳理、解读西方文本与理论，套用西方话语解释中国的问题。唯西方至上的学术导向弱化了学术原创性与学者的公信力，造成中国学术思想的传统性失语。鉴于此，高校学术期刊编辑要以学术期刊为阵地，引领中国学术朝原创性与主体性方向发展，具体需要做到以下四点。

1）政治素养

高校学术期刊编辑要坚定正确的政治方向，坚定有中国特色的社会主义信念，以打破西方学术话语的无形垄断，在选稿、用稿、约稿、组稿时能够坚持马克思主义的立场、观点与方法，进而塑造公平、公正、清朗、有序的学术生态环境。

2）学术素养

高校学术期刊所刊载的稿件要能够体现领域知识的科学性与

前沿性,能够体现时代精神并与主流价值观相契合,能够体现国际化视野与学术判断能力。因此,编辑要成为学者型编辑人才,熟练地掌握本学科基本研究理论和基本方法,就期刊所属学科有着扎实的专业基础,并对本领域深耕细作,这将有别于对传统学术期刊编辑的要求,即成为“杂家”,“知识面广,却不精”。高校学术期刊编辑要主动参与校内学术活动,并把握国内外学科发展的前沿与热点问题。

3）问题意识

高校学术期刊要具备问题意识,在期刊论文编辑的过程中培养发现问题、解决问题的问题意识,能够习惯选择以实践为目标、以问题为导向的学术成果。

4）数字出版素养

互联网已经改变了知识生产与消费的方式,人们的阅读方式由纸质阅读向移动终端的碎片化阅读转变。大数据、机器学习、AR 与 VR 技术等对编辑出版行业的影响日益显著。高校学术期刊编辑应成为知识的管家,面对无边界的网络导致的信息过载问题,加强对知识的甄选与分辨的能力;做出版的专家,革新理念与技能,既具备精专的专业知识储备,也要注重自身知识结构的多元化,打破学科间壁垒,主动参与到地区产学研协同机构的建构中来。

二、高校学术期刊的双重使命

基于系统科学理论分析,本研究认为高校学术期刊与大学出版社同样为大学这一一般复杂巨系统的子系统,与其他系统存在客观与必然的能量与物质交换。高校学术期刊的使命与母体高校的使命具有一致性——人才培养、科学研究、社会服务与文化传承。同时,高校学术期刊系统也是我国学术期刊这一复杂巨系统的子系统,肩负着与其他学术期刊相同的使命(图 2-1)。基于系统科学理论,本研究认为高校学术期刊的发展情况与母体大学学科发展、学术生态环境、编辑的使命意识等都密相关。

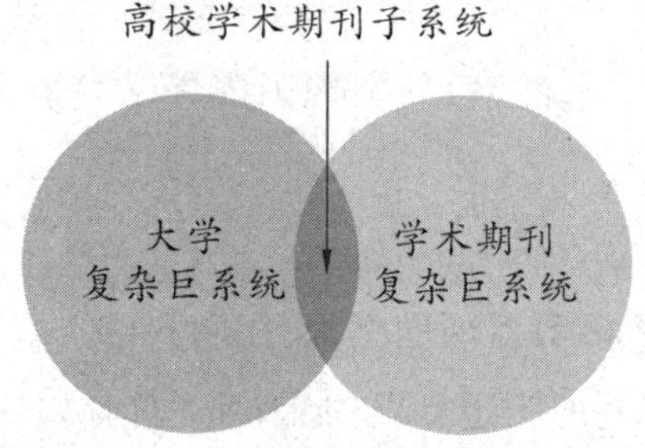

图 2-3　基于系统科学理论的高校学术期刊关系分析

（一）高校学术期刊传承母体高校的使命

高校学术期刊的本质与母体大学具有一致性。从发展历程来看,大学一直是育人的场所,作用随着时代的发展不断增加,完成从多元巨型化大学向“前瞻性”大学的转变,但大学学术共同体的本质——自治、自由、自律,一直不曾改变。正如纽曼对大学自治与自由本质的经典阐述,大学类似“独立”的帝国,自治、自由、自律与生俱来,其思想对大学理念与本质的研究产生深远的影响。

本研究认为,高校学术期刊通过人才培养与科学研究,来支持学科建设。同时,学科建设状况也通过人才与科研成果等要素,反过来作用于学术期刊的发展。高校学术期刊、人才、科研成果、学科建设等在高校内部形成了一个闭环的系统,之间有能量与要素的交换,相互影响、相互制约(图 2-4)。

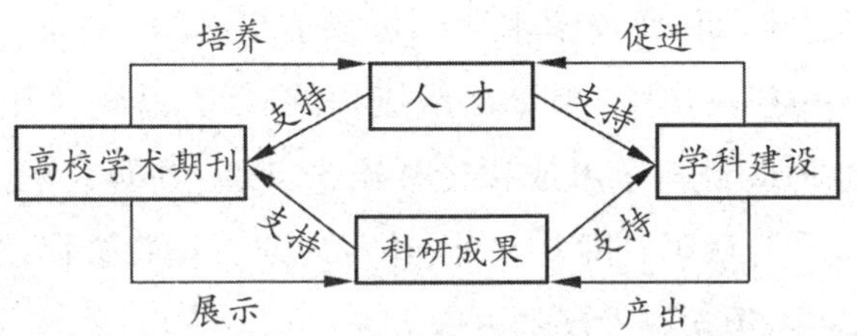

图 2-4　高校学术期刊、人才、科研成果、学科建设间相互关系分析

哲学和研究领域中的一所大学就像是政治史上的帝国。正如我已经说过的那样，大学是高级的保护力量，它保护所有知识与科学、事实与原则、探索与发现、试验与思辨；它划定智识的领地，注意让每一个领域的边界都受到宗教式的尊重，哪一方面也不必侵蚀邻里或者投降。大学的作用就像真理与真理之间的仲裁者，而且，在注重每一个真理性质和重要意义的同时，予以他们应有的位次。①

1. 学科发展

学科建设中，学术梯队的组建与培养增加了高层次人才的数量，为学校科研工作储备主力军与后备力量。综合性学术期刊是多个学科学术交流的平台，专业性学术期刊是某一专门学科领域的学术交流平台。二者关系可以概括为：高校学术期刊依赖于本校学科的发展，高校学术期刊又为本校的学科成果提供展示与传播的平台，二者相互作用、相互影响、相得益彰。

1) 服务与引导学科发展

高校学术期刊服务于母体大学的教学科研，为巩固优势与特色学科，培育新兴学科、培养学科人才以及宣传学科成果起到积极的推动作用。一般学术期刊的学术成果从录用到发表，都会经历较长

① 雅罗斯拉夫·帕利坎. 大学理念重审——与纽曼对话[M]. 杨德友，译. 北京：北京大学出版社，2014：62-63.

的审稿到发表周期，高校学术期刊可以适当缩短“初审—外审—复审—终审—编校—出版”整个出版流程的时间，避免挤压稿件进而能够快速地将最新的学术成果传播出来，以引领研究潮流，更快地被学术界接受与认可。除此之外，还可以通过设置会议议题、专栏、组稿等形式，引领学科发展的方向。

2）服务学科人才梯队建设

就学科建设中的人才梯队问题，科研成果是学科的客体，人才梯队是学科的主体与首要构成要素。(1)高校学术期刊可以对本校青年教师予以适当的帮助。青年教师尚处于默默无闻的阶段时，由于学术成果往往难以在名刊上发表，首选本校学术期刊。因此，高校学术期刊编辑需调动青年教师的积极性。(2)对于在读研究生而言，高校学术期刊起到辅助人才培养的作用，本校学生通过与编辑的交流实现学术成长，比如编辑部定期召开本专业的学术会议，开辟青年论坛，邀请本校的青年作者作为报告人有机会在“学术圈”抛头露面①。

3）与优势学科、特色学科相互成就

高校学术期刊要实现快速发展，应不断挖掘本校的专业特色与学科优势，依托优势学科与特色学科，创设特色栏目，进而扩大期刊的影响力，提升本校学科的知名度。高校学术期刊通过刊发学术论文，发现、扶植、培养学术新人，形成学科发展的后备力量，进而推动学科的发展。科研成果是学科水平的载体，科研成果的数量与学术水平是高校学术期刊中高水平论文的来源，为期刊栏目设置提供了参照与依据，也充实了期刊的作者队伍。高校学术期刊要塑造品牌，就需要“以质量为王”，形成特色与优势，打造精品与品牌栏目，

---

① 孙菊．以提升软实力为主促进河北省高等教育内涵式发展[J]．教学研究，2013(1)：16-19+123.

这些都需要优质作者团队的支持。

高校学术期刊也可以通过与同类期刊合作的方式,以期刊为媒介与平台,邀请其他刊物的主编或编辑通过举办讲座或办会、参会等,加强期刊间交流“竞争竞合”,进而为本校特色学科与优势学科学术成果的展示与传播搭建平台。高校学术期刊的“编委会”“审稿人”等往往为国内不同院校的知名专家与学者,可以“编委会”等为抓手定期举办学科发展前沿讲座、论坛或会议,邀请国内外相关学科的专家与学者,为其提供学术争鸣与激辩的平台,打造学术期刊品牌,增强影响力,同时也增加本校学者与校外专家的学术交流机会。

2. 学术生态系统

所谓大学学术生态系统,是大学学术共同体在学术生产活动中形成的学术人员间、学术人员与学术环境间的紧密联系的系统。大学学术生态系统,从静态的视角看是高校由内部的机构、师生等,按照学校制度和规则结合而成的结构关系系统;从动态的视角看是以学术研究为纽带形成的人与人、人与组织、人与制度、人与其他环境之间的行为关系系统①。大学出版无论对母体大学学术生态系统还是对我国整个学术生态系统,都产生影响。高校学术期刊处在大学学术生态系统中,是展示大学科研成果的子系统,具备客观性、稳定性、渗透性和开放性。高校学术期刊作为子系统对大学学术生态系统的发展至关重要,很难一时改变,并对其他子系统和要素产生着潜移默化的影响,渗透到大学人的教学、科研、说话、做事之中。

据此,本研究认为高校学术期刊的发展反映着也影响着母体大学学术生态系统的运行,二者呈正相关关系。这也就可以解释为什

---

① 孙菊.大学精神视域下高校学术期刊发展路径研究[M].秦皇岛:燕山大学出版社,2020.

么“双一流”高校主办的学术期刊入选 CSSCI 来源期刊与北大核心期刊的比例要远远高于普通高校。

（二）高校学术期刊肩负引领学术的使命

优秀学术期刊需要提高核心竞争力，而核心竞争力的关键在于理论创新，具体标志包括思想性、时代性、规律性与创造性的创新。大学出版以学术出版为使命，而高校学术期刊相对于大学出版社所出版的书籍，由于出版周期固定且更短，在学术水准、学术课题、学术服务、学术生态等诸多方面的导向与引领作用更强，影响范围最广，为目前学术成果推广的最有效形式。高校学术期刊对培养与推出学科新人，构建良好的学术生态环境意义重大。学术期刊通过“两微一端”的融媒体方式进行传播，便于读者的碎片化阅读，为使学术走出象牙塔，指导一线教育实践提供了便利，使学术成为经世致用的显学，进而让“一流学术”走进人们的视野。

值得注意的是，在数字出版时代，应该注重维护作者与学术期刊的权益，以使高校学术期刊更好地完成引领学术的使命。数字出版为读者获取学术资源提供便利的同时，也使一些网络盗版侵权行为滋生。维护版权不能仅仅依靠编辑部的力量，或者期刊联盟的力量，还需要国家加强对新媒体传播方式的监管，制定相关法律法规，使数字出版的版权维护“有法可依”，以保证学者投身于科学研究事业的精力与动力。政府要加强立法的前瞻性、系统性与可行性，创新工作思路与模式，拓宽法律法规宣传渠道，“执法必严、违法必究”，行政机关与司法机关积极配合立法机关的工作①。

---

① 孙菊．政府规制下的网络消费环境构建［J］．商业经济研究，2016(12)：30-31.

第三章

大学出版社的困境与路向

大学出版是知识生产的中心。大学出版中的大学出版社，是知识传播的重要阵地与现代社会知识讨论的重要驱动力，具有推动社会进步，传播先进文化，启迪社会思潮以及教育的作用。追溯大学出版社的源起，分析其发展历程、现状与面临的主要问题，以明晰当前大学出版社的发展路向。

第一节　大学出版社的问题分析

一、大学出版社的发展历程

（一）世界出版史的视角

从世界出版史的视角来看，是大学孕育了最初的出版社。大学要完成人才培养、科技研究、知识传播与文化传承的职能，就需要以出版物为媒介记载与传播当时先进的知识与成果。我国肩负着学术出版与服务教育双重使命的大学出版社当前已经完成转企改制，但是仍然面临着市场销量小、码洋与大型出版集团差距大、经济效益与社会效益不能兼顾等问题。欧洲大学出版业萌芽于13世纪，开始并兴盛于15世纪。最古老的出版社是英国的剑桥大学出版社与牛津大学出版社，前者于1521年印发了第一本书，后者于1468年出版第一本书《使徒教律之批判》。

（二）我国出版史的视角

从我国出版史的视角看，中国古代大学的雏形——国子监，既是封建时代最高的教育管理机构，也是重要文献的编纂场所。我国最早以大学出版社命名的是1929年成立的南开大学出版社，后因日本侵略华北而停办。新中国成立后，国家为了适应教育发展的需要成立了人民大学出版社与华东师范大学出版社。1959年，华东师范大学出版社因国家对出版事业的调整而暂停，随后人民教育出版社也因人民大学的解散也被迫停办，我国的大学出版事业进入发展停滞时期。1978 年，为适应教育、科技与文化发展的需要，大学出版社在我国一步一步发展起来并逐渐成形。

时至今日，大学出版一直体现着高学术性与高研究性，通过发布最新的科研成果引领科学与文化的发展。

二、大学出版社的发展现状

大学出版社作为母体的组成部分与学术生产体系的重要一环，与母体大学存在水乳交融、密不可分的关系。母体大学的学术水平、学术风气、办学理念、大学精神、发展层次对其产生直接影响。据 2019 年度官方产业报告显示，我国共有 561 家图书出版社，其中大学出版社 112 家（表 3-1、图 3-1）；我国共有普通高等院校 2 740 所，其中本科院校 1 258 所，高职（专科）院校 1 482 所（图 3-2）。

表 3-1　全国出版行业数量与从业人数

类别	数量（家）	从业人数（人）
出版社	561	7 万
期刊	1 万	10 万
报纸	1 800	20 万
印刷复制企业	10 万	330 万

完成转企改制后的大学出版社作为独立的市场主体，彰显现代企业精神风范的同时，也面临着进退失据的问题，之前有学者预言大学出版社的体制改革将导致出版质量整体滑坡，而成为学术“垃圾制造厂”。坚持以学术出版为根本，秉承大学精神与出版精神，以

数字出版为“双翼”将有助于我国大学出版社走出困境，实现社会效益与经济效益的双赢。

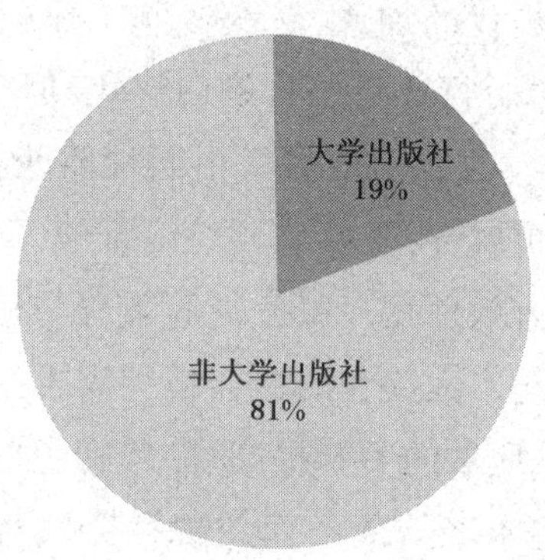

图 3-1　大学出版社占国内出版社比例

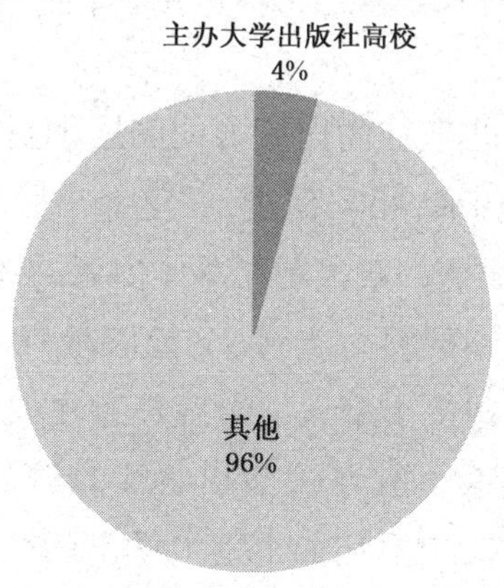

图 3-2　主办出版社大学的比例

三、大学出版社的问题分析

(一) 商业气息日益浓郁,出版方向有待明确

随着改革开放步伐的加快,转企改制工作的完成,市场经济日益融入出版行业,出版行业竞争日趋白热化,但"效益优先"成为图书市场的"晴雨表"。改制后的大学出版社要兼备文化事业单位与文化企业单位的双重属性;既要兼顾经济价值,又要具备社会价值,以使大学出版社更有效地发挥服务高等教育与科研工作的作用,更好地满足高校师生与广大读者的社会精神需求,也促进了大学出版社实力的不断增强、质量的不断提高、品牌特色的不断凸显。然而,目前来看,片面地追求经济效益而忽视社会效益的现象仍然存在,这并不符合大学出版社的办社宗旨,比如一些高校将经济指标的年底完成情况与领导班子的年终考核挂钩,有的大学出版社每年与学校签订上缴经费的具体数额,而对于很难量化的社会效益,并没有放在首位。

除此之外,大学出版社的出版方向问题也亟待解决。大学出版社与母体大学相辅相成,相互促进,在整个出版行业中发挥着重要作用。学术著作的出版一般控制在总体出版的30%左右,这样既能够保证出版社有足够的财力支持,又能够呈现一定数量的学术精品①。然而,当前一些中小型大学出版社存在大量重复出版教材教辅的情况,在一定程度弱化了大学出版社的学术性与专业性,拉低了大学出版社的学术品位,比如个别大学出版社将全年书号总量的

① 冷桥勋,李克明.大学出版社学术著作出版的现状及对策分析[J].现代出版,2016(3):38-39.

近40%用于合作出版中小学教辅图书①。究其原因,第一是大学出版社从资金、品牌到人才梯队方面都与大型出版集团有较大差距,一些校内优质学术资源,比如高水平学术著作与教材流失到知名大型出版社;第二是一些大学出版社在经济效益的驱使下,以合作出书的名义运作教辅图书,甚至存在变相买卖书号的现象。大学出版社的生存与发展空间被挤压,进而逐渐迷失了原有的方向。

（二）人才梯队伍构成不合理,激励机制有待完善

人力资源是第一生产力。数字出版时代,互联网技术的发展为大学出版的发行与传播提供了更多的路径。大学出版社在新技术的应用上也逐步体现场景化、功能化、流程化、个性化与用户导向化等特点。国内对数字出版的研究起步较晚,多停留在对国外经验的借鉴上。因此,从行业发展历程与当前新技术日新月异的视角下看,大学出版社的人才队伍建设不合理,需要针对以下几个问题进行调整。

1. 人才结构不够合理

20世纪80年代末90年代初,国内大多数大学出版社处于发展初期,内部员工多由大学派出。21世纪,随着大学出版社的发展,人员需求越来越大,许多大学出版社中非事业编制的人员占比已经超过了50%,有的甚至超过了80%。一方面,专家型、学者型的编辑出版人才偏老龄化;另一方面,顺应数字出版与新媒体传播的方式,需要一支数量庞大、结构丰富、素质全面的出版队伍,融媒体等传播方式对人才队伍的构成提出了新的要求。

① 冷桥勋,李克明,张和平.大学出版社出版精神的失落与重塑[J].合肥工业大学学报(社会科学版),2018(4):109-112.

2. 人才流动过于频繁

大学出版社转企改制后,人才由于不再囿于事业编制的限制,流动性大大增加。编辑队伍不够稳定,熟手少、生手多,已经成为大学出版社,特别是中小型大学出版社发展缓慢的重要原因。由于出版市场竞争激烈,一些大学出版社无法与大型出版集团相抗衡,故在福利、待遇上呈现劣势,同时在无法提供事业编制的情况下,一些专家型、学者型的出版人才流失。年轻人刚从高校走向工作岗位,若出版社缺乏出版精神与核心价值观,容易不满于"只为他人做嫁衣"的工作性质,追求经济效益,过于浮躁、急功近利,注重效益而忽视了大学出版人应该具备的人文素养与道德追求。以上这些都导致了大学出版社人员流动过于频繁的问题,不利于企业的长期发展,也直接导致了精神产品的平庸化和精神生产的衰落。

3. 人才激励机制有待完善

当前,全国大学出版社的社长和总编辑基本上都由母体大学从事业编制人员中选拔任命,往往具备高级职称,但是对企业的经营管理与出版行业的发展等并不完全了解。同时,大学出版社中存在论资排辈的现象,一些编制内的青年员工与编制外的骨干员工晋升无望,没有足够的上升通道与上升空间,进而导致工作热情减退。编制内的员工参加学校组织的职称评定;编制外的员工,需要通过社会人才交流中心的材料审核。而后者目前占大多数,多为出版社运行的中坚力量,影响了工作的积极性,也不利于其自身的发展与大学出版社的长期人才储备。同时,由于一些大学出版社没有形成出版精神,延续母体大学的大学精神,员工容易缺少精神动力与工作激情,进而导致企业士气低落,员工无学习欲望与主动性,责任心

淡漠，没有创新奋斗的动力，进而安于现状。

第二节　新时期大学出版社的发展路径

要解决当前大学出版中面临的各种问题，一方面，要解决人才激励的机制问题，用马斯洛的需求层次理论可以挖掘到更本质的问题所在。另一方面，对数字出版时代大学出版的发展思路进行创新与探索，以内容为王，同时兼顾多种传播手段，打造立体化、全方位的传播矩阵。

一、人才激励机制的建构

（一）马斯洛的需求层次理论

用心理学家亚伯拉罕·马斯洛（Abraham Harold Maslow）的需求层次理论（Need-hierarchy Theory）可以更科学地解析当前大学出版人才激励机制的问题。马斯洛（图 3-3）把人的需求分成生理需求（Physiological Needs）、安全需求（Safety Needs）、社交需求或归属与爱的需求（Love and Belonging Needs）、尊重需求（Esteem Needs）和自我实现需求（Self-actualization Needs）五类，依次由较低层次到较高层次排列（图 3-4）。在自我实现需求实现之后，还有自我超越需求（Self-transcendence Needs）。但自我超越需求通常不作为马斯洛需求层次理论中必要的层次，一般会将其归为自我实现需求之中。马斯洛认为，需要和需求是不同的两种概念，正所谓“欲望无限，需求有限”。

图 3-3 亚伯拉罕·马斯洛(1908—1970)

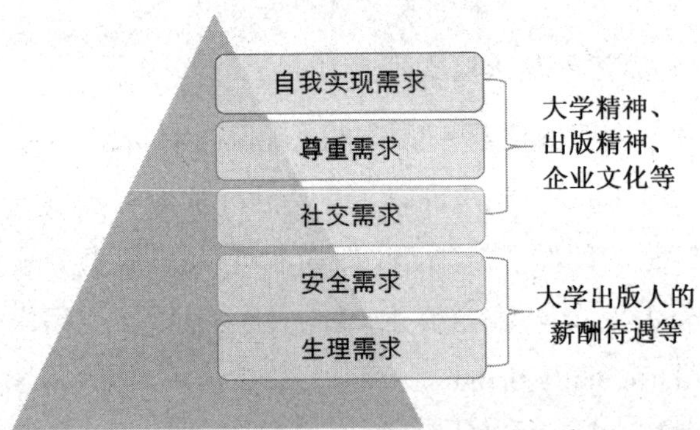

图 3-4 马斯洛需求层次理论

其中,生理需求对应人们最原始、最基本的需要,如:呼吸、水、食物、睡眠等;安全需要对应人身安全、健康保障、生活稳定等;社交需求对应亲情、友情、爱情以及对隶属关系的需求;尊重需求对应较高层次的需求,如:成就、名声、地位和晋升机会等,包括对成就或自我价值的个人感觉,也包括他人对自己的认可与尊重;自我实现需求是人最高层次的需要,体现了人性的本质,指实现个人理想、抱负,发挥个人的能力到最大程度,达到自我实现的境界;接受自己也接受他人,能够完成与自己能力相称的事情的需要。也就是说,人

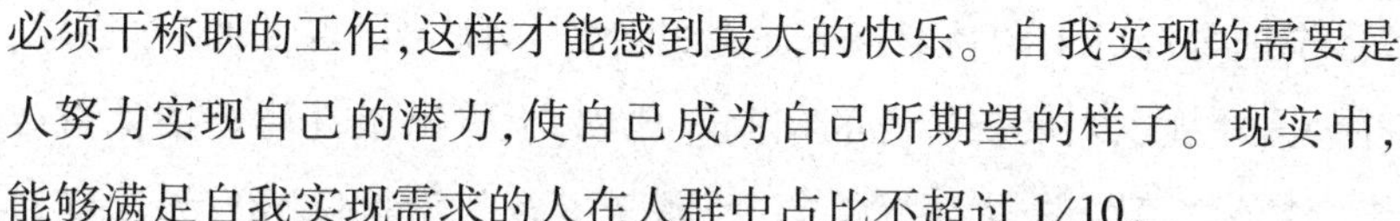

必须干称职的工作,这样才能感到最大的快乐。自我实现的需要是人努力实现自己的潜力,使自己成为自己所期望的样子。现实中,能够满足自我实现需求的人在人群中占比不超过1/10。

（二）大学出版社人才激励机制的建构

大学出版社对人才激励措施的改革落后于体制改革。转企改制前,大学出版社多为事业单位,与母体大学的工资结构相同或相似,按照规定由国家财政支付;改革后,大部分出版社仍然沿用原来的收入分配制度,较少采用股权激励和精神激励等方式。大学出版以学术出版为使命,故从业人员的学历层次一般较高,除用绩效等物质激励,也应考虑母体大学精神的传承与精神理想层面的激励。以马斯洛需求层次理论分析,当前大学出版从业人员的生理需求与安全需求已基本得到满足,主要与企业的发展规模与薪酬待遇密切相关,应将满足人才的社交需求、尊重需求与自我实现需求为抓手激励人才。

1. 社交需求方面

大学出版社应不仅将工作重心置于日常企业经营与发展之上,关注码洋的同时也要注重增强团队的凝聚力。领导要注重与员工思想的沟通与交流,重视政治工作,真正把握员工的思想状况,使员工在感情层面的需求得到满足;通过党支部活动、团建、企业内部集体活动等,加强员工间的交流与合作,培养团队意识,增强企业的凝聚力,提升员工对企业的忠诚度与满意度。

2. 尊重需求方面

大学出版社应制定详细的考核与晋升制度,按劳取酬,重视人才梯队的建设;使员工能充分发挥自身的才能,满足自我价值实现的需求与精神层面的满足;对不同学历背景的员工予以不同的分工,根据每位员工的特点设置不同的、"跳一跳够得着"的工作目标,并为人才提供发展与晋升的空间。比如,大学出版社要发展就需要走"特色之路",精耕"主题"出版,基于本校的学科优势与人才优势出版"精、专、特、新"的图书,从选题、策划,到文字的校对、编辑,都需要员工付出大量的心血。当选题取得良好的经济效益与社会效益时,大学出版社应对相关员工进行物质与精神上的奖励,避免新老员工形成等级分层,影响新员工的温馨感与归属感,最终导致工作中缺乏主人翁精神。

3. 自我实现方面

"自我实现"属于人需求中的最高层次,多数人达不到自我实现的水平。一些学者认为自我实现的需求是在尊重需求等略低层次需求得以实现的基础上产生的,而实际上,在人类进步的过程中,一些持有高度理想抱负的人可以牺牲很多常人看来有价值甚至不可或缺的要素,比如为了共产主义事业牺牲自己的生命;为了实现理想,饥寒交迫甚至冒着生命危险而在所不惜。因此,可以认为,自我实现的需求在五种需求中属于特殊的存在,其中的理想抱负高于生理需要等基础需要,又能使生理需要服务于自我实现需要而存在。大学出版在办刊、办社过程中,就要赋予工作人员梦想、文化与精神追求,具体可采取以下措施。

1）将企业愿景与员工梦想相结合

大学出版社要实现持续发展,就需要让员工有足够的精神动力,设立高尚且清晰的企业愿景,规划清晰的发展理念,以母体大学为依托,充分利用学术资源优势,第一时间获得学术界嬗变与创新的信息,成为先进出版理念的策源地与优质出版人才的培养基地。大学出版社高尚的企业愿景可以清晰地彰显人才的希望和梦想,使其将工作追求不仅仅限于手头工作的完成,而是像出版行业先贤一样,将"为书籍的一生"①作为远大的职业抱负,吸引有文化理想与学术抱负的优秀人才,进而全身心地打磨学术精品,保证大学出版的精英主义与引领态势,使大学出版的初衷回到大学本体的追求,传承尊重大学自治与学术自由的传统,避免大学出版社出现"规模越大、发展越快,平庸之作甚至垃圾作品越多"的问题。

2)用企业文化与大学文化吸引人才

第一,大学出版社要将文化价值作为一切功能的基础与主导。

所谓企业文化,是指在一定价值体系指导下所选择的那些普通的、稳定的、一贯的行为方式的总和。价值观,尤其是价值目标,是企业文化的核心构成。企业价值观及其存在形式被称为"企业文化之核"或"企业的隐形文化"。企业文化包括五个要素:企业环境、价值观、英雄人物、文化仪式和文化网络②。

鉴于此,大学出版社要以人为本,营造良好的企业文化氛围;构建企业公平公正的工作环境,关心每位员工的事业发展;树立健康向上的企业价值观,使员工发挥主人翁精神并忠于企业;树立兢兢业业的优秀员工标杆,优秀的出版人既要坐得住冷板凳,又要成为一名社会活动家,拥有学术共同体的资源与人脉;让优秀编辑分享成功的经验,经验的分享对分享人是认可与鼓舞,对其他员工也能起到工作榜样的熏陶与激励作用。应真正激励员工发挥工作中的主观能动性,而不是仅利用规章制度对员工设立条条框框进行惩罚。比如,广西师范大学出版社对待特殊人才予以包容与鼓励,兼

① 聂震宁.培育出版精神[J].中国编辑,2006(1):26-28.

② 陈春花.企业文化的改造与创新[J].北京大学学报(哲学社会科学版),1999(3):52-57.

容并包。

第二,大学出版人要传承大学精神,尤其是母体大学精神层面中崇尚学术与真理、对国家与民族甚至整个人类的强烈责任感与使命感。

所谓大学文化,是指对学校所有成员,尤其是对学生具有现实影响和潜在影响的所有文化要素,包括:价值观念、理想信念、思维方式、道德情感、传统风气、生活方式、心理氛围、人际关系、行为规范、学校制度、物质环境等,涵盖由价值观、理想追求、思维模式、道德情感等构成的精神文化,由大学的组织架构及其运行规则构成的制度文化,由大学的物理空间、物质设施构成的环境文化之中。三者形成一个以精神文化为核心、制度文化居中、环境文化处外的,彼此相互依存、相互补充、相互强化,共同对学校教育发生影响的文化同心圆①。大学文化一般可分为大学设施、大学制度与大学精神三个层面。其中,大学精神是一所大学的“精”“气”“神”,是高校需要时间的积淀而形成的最为内在的部分,是科学精神的时代标志与具体凝聚。大学显性要素融合后成为自身独特的精神本质,以隐形形式长久作用于高校的每一名师生,是大学自身赖以生存与发展的需要,也是社会进步的动力之一。大学精神属于意识形态,需要大学设施与制度提供有形的物质保障。三者相互联系、相互支撑②。

鉴于此,大学出版人就要具有良好的职业品质、专业素养与文学积淀,具有更高的思想境界与文化品位。大学出版以学术出版为主,这就要求编辑本身也要成为“学人”,具有学科背景积淀与学科

① 眭依凡. 关于大学文化建设的理性思考[J]. 清华大学教育研究,2004(1):11-17.

② 孙菊. 大学精神视域下高校学术期刊发展路径研究[M]. 秦皇岛:燕山大学出版社,2020.

发展的前瞻性,同时胸怀"学术自由,兼容并包"的出版理念,为学术界提供学术争鸣与学术观点激辩的平台。一方面,大学出版人要策划与组织高品位与高水准的选题,就需要自身有较高的学术造诣,能够以学者的身份与作者进行对话,并对作品的学术价值作出客观的选择与判断;另一方面,兼顾经济效益的同时坚守学术本位,坚持文化与精神追求,而非仅仅面向市场出版一些迎合低级趣味的平庸作品,图一时之利而忘记大学出版人的根本职责与母体大学一直秉承的大学精神①。

二、特色出版与数字化出版之路

(一)特色出版

大学出版社在出版品种与出版数量等方面都无法与大型出版集团相抗衡,所以特色出版对于大学出版社的发展就显得尤为重要。大学出版社应该依靠本校学科与人才的优势,出版"精、专、特、新"的图书,将某一领域做专,取得比较优势,逐步取得规模效益上的增长,从而做大做强,将母体大学的学科资源优势转变为出版优势,进而形成品牌特色。若求出版方向的大而全则会导致出版方向不明确,整体质量平庸化,所出版图书和教材难以形成竞争优势。同时,大学出版社也要根据图书市场的不同需求,以自身学术资源为优势面向国家急需,解决当前社会亟待解决的关键问题。广西师范大学出版社重点出版学术人文图书形成了鲜明的出版特色,赢得了业内良好口碑并实现快速发展。复旦大学出版社策划并出版了

---

① 吴燕.大学精神的旁落与大学出版精神的崛起[J].中国图书评论,2008(8):118-120.

《2019冠状病毒病——从基础到临床》一书与该书的海外版，体现了高度的社会责任感以及高水平的职业精神和职业能力，践行了习近平总书记提倡的"抗疫国际合作，构建人类命运共同体的实际行动"，使学者的COVID-19病毒的研究成果和经验通过国内外的主流渠道不仅惠及国内也走到国际抗疫第一线，传递了中国科学家抗疫的声音，具有积极而长远的意义。

（二）数字化出版

互联网的发展改变了人们的阅读方式，使纸质阅读发展为以数字产品为媒介的阅读，人们阅读习惯的改变使各个出版社纷纷推出数字阅读服务。在数字出版产业链中，大学出版社、技术提供商、销售运营商三方合作，进而把传统图书产品立体化。数字出版时代，网络的传播使出版内容能够做到实时、海量、无远弗届、无处不在，而传播的成本较为低廉。这就是数字传播攻城略地，而纸媒传播方式不断萎缩的根本原因。当前，中国互联网每天新增300亿条信息，造成了信息泛滥与超载的问题，大学出版在数字出版的过程中，一定要注意传播信息对象的精准与内容的精细，注重采取新的传播手段、传播方式与传播渠道，结合文字、图片、音频、视频等多种传播方式实现全媒体全覆盖式发展。数字出版时代大学出版的发展路向，将在之后章节予以更深入地阐述。

第四章

大学出版的使命完成

大学出版以服务大学的教学与科研为宗旨,以学术出版为本体使命,传承母体大学的大学精神,一直是先进研究成果的传播者,引领学科的发展方向,在国内外科学研究中起到无可替代的作用。数字出版时代,明晰大学出版的使命、面临的困境并创新性地构建其发展路向,对充分发挥其对科学研究无可替代的重要作用具有重大的现实意义,也为构建我国在世界科研领域的“话语体系”,“不仅有‘专家’还有‘大师’”起到积极的推动作用。

第一节　大学出版的根本:出版精神

一、以包含大学精神在内的出版精神为核心价值观

大学出版的发展历程与高等教育、大学的发展历程密不可分,为高校机构设置中的一部分,行政管理权与领导任免权归主办高校,与母体大学密不可分,服务本校的教学与科研,因此传承大学精神同时具备教育属性。大学出版是出版产业的重要组成部分,价值观在性质与方向上归属出版价值观体系。如果说现代出版的根本价值观是现代企业价值观,那么大学出版的核心价值观是包含大学精神在内的出版精神。

出版精神是出版之根本,也是出版之灵魂。高校学术期刊与大学出版社通过出版物传递价值导向和精神追求,进而启迪思想、传播知识、传承文化、形塑道德,同时与母体大学一道完成立德树人这一教育的根本任务。

二、强调出版精神具有必要性与紧迫性

当前的情况是:(1)高校学术期刊在现行的学术期刊评价制度

下，面临着办刊自主性受限，不得不为了获得学术期刊评价体系的高评价而去主动迎合各项指标，背离了办刊的初衷；一些学术期刊为提高被引量，建立“互引联盟”，在基金项目上造假，导致业内行为不当、办刊“唯指标”等问题，助长了学术浮躁；“以刊评文”也导致学术越轨、学术不端、学术腐败等问题的滋生。(2)大学出版社在完成转企改制后，面临着激烈的竞争，将资产保值增值与利润增长作为衡量大学出版社发展水平的刚性指标，普遍更重视规模与效益，而对出版精神的弘扬与培育相对弱化。

鉴于此，兼顾经济效益与社会效益，强调大学出版之根本在于出版精神，在新时代具有必要性与紧迫性。

三、大学出版精神的构成

(一) 精益求精的工匠精神

大学出版的从业人员要有精益求精的工匠精神，从选题到编辑、校对，再到出版、发行，要充分利用自身的学术资源精心策划，深耕特色出版，结合国家经济、社会、科技发展规划等和特色选题进而形成重量级的书系。编辑就需要集思想、品位与追求于一身，既要字斟句酌，坐得住冷板凳，耐得住寂寞，沉得下心，又要对学科发展的前沿与动态予以及时的关注与掌握，而不能一味地选择能够快速带来利润的图书出版，应将视野放在推动中国特色社会主义文化事业和文化产业、科技研究与教育教学发展的层面上来，并具备出版强国意识，推动我国的学术成果“走出去”，获得世界科学研究领域的话语权。

(二) 协调合作的集体精神

出版单位的集体精神是所在单位制度、行为、文化等层面体现出来的精神，是出版精神的集体映像。

1. 高校学术期刊

高校学术期刊需要按照国家“三审三校”制度完成出版流程，高水平学术期刊的打造需要高水平学术共同体的支持，学术会议的组织、宣传与筹备等等，这些工作的完成都需要从业人员具备协调合作的集体精神。

2. 大学出版社

大学出版社的企业制度、行为规范、人员选聘、企业文化等诸多方面在集体精神之中都有所呈现。同时，出版社工作流程一般包括市场调查(了解读者需求、同类图书情况等)、形成选题、选题论证、预约书稿、签订合同等诸多步骤，而每一个步骤都需要编辑等工作人员密切配合。当前，我国实行出版单位的“三审三校”制度，在排查出版隐患、保障出版质量等流程的各个环节也需要员工在企业精神的指引下，坚定政治方向和意识形态的导向的作用，沿着正确的方向健康运行。

(三) 与时俱进的时代精神

出版业的时代精神是出版精神最高层次的精神。出版业属于古老又现代的行业，一方面，由于诞生已久，另一方面由于受到最新技术的影响。这就需要出版单位顺应当前数字化发展的趋势，完善人员梯队构成，充分发挥母体大学优势，挖掘国内外的优质学术资源、兼容并包，为学界提供百家争鸣与百花齐放的学术展示平台，允许不同学术理念的激辩。随着“万物可联”5G 时代的到来，数字出版已成为必然趋势。微信、微博、抖音短视频等新兴应用程序兴起，“两微一端”的融媒体路径与短视频 App 为大学出版创设了崭新的路径，据此与时俱进的时代精神就显得愈发重要。

第二节　大学出版的本体使命:学术出版

高校作为知识生产的重要场所,所主办学术期刊的学术性毋庸置疑,此节对其以学术出版为本体使命的必然性与“如何提升办刊质量”的实施路径不再赘述,主要围绕大学出版中的大学出版社如何实现以学术出版为本体使命这一问题展开论述。

大学出版社虽为企业,应同样以学术出版为本体使命,肩负起服务教育、科研、文化的使命,而非单纯对经济效益的追求。大学出版社根植于母体大学,这是大学出版社与其他类别出版社产生差异性的根本原因,体现了大学出版社的个性特征。大学出版社又具有一般出版社的共性特征:加快知识传播,服务社会发展,传播先进文化,促进思想的交流等。

一、学术出版是大学出版的本体使命

“学术”集中于知识的积累与系统专门之学的研究,是知识精英所代表最高水准的精神文化积淀。学术的繁荣与发展程度往往决定着国家与民族精神的发育水平,是衡量文化传承与创新水平的重要标志①。大学出版由于母体大学的属性,以学术出版为本体使命与根本任务,明显区别于以满足大众需求为主的市场图书,也不同于发行量与码洋更大的教材教辅。

① 尹金凤,胡文昭. 如何提升中国学术的话语权——兼论学术期刊编辑的问题意识与学术使命[J]. 中国编辑,2018(7):73-77.

（一）基于系统科学理论的大学出版分析

系统科学，或系统理论，是以系统为研究和应用对象的一门科学。具体来说，系统指的是由相互联系、相互作用的要素（部分）组成的、具有一定结构和功能的有机整体。系统科学有助于了解21世纪更复杂的自然和社会生活中面临的各种组织性、复杂性、非线性的新课题。所谓系统科学，是指横跨自然科学、社会科学和工程技术，从系统的结构和功能（包括协调、控制、演化）角度研究客观世界的学科群，强调的中心概念是系统，以及系统的结构和层次。按系统规模划分，可分为小系统、大系统和巨系统；按系统结构简单与否，可划分为简单系统和复杂系统①。

据此，母体大学可视为一个具有不同层次子系统的一般复杂巨系统，大学内部各机构为自低而高不同层次的子系统。大学出版机构——大学出版社与高校学术期刊，同样为该复杂巨系统的子系统（图4-1）。大学的运作过程可以划分为开放系统的输入、转换、输出和反馈四个部分。每位高校内部的社会人作为系统的元素，各元素通过整合，形成诸多子系统。各子系统通过整合形成高一级的子系统，直至形成高校这一复杂系统整体。这样可以从理论上解释高校内部各机构、师生个体之间的相互关系，及其与学校间的相互作用。

（二）学术出版是大学出版的根本任务

1. 学术出版是大学出版的根基

大学是以知识生产与传授为核心的学术组织与关键机构，是自治、自由、自律的学术共同体，是大学出版社赖以生存与发展的根基

---

① 孙莉．大学精神视域下高校学术期刊发展路径研究［M］．秦皇岛：燕山大学出版社，2020.

与母体。大学知识生产的水平是一个国家核心竞争力的重要组成部分。高校学术期刊以学术为根基具有必然性。大学出版社是大学系统的子系统,既与所处的复杂巨系统中其他子系统产生物质与能量的交换,又与大学外部环境超系统之间相互影响与作用。据此,大学出版社以学术出版为根本任务,对大学的使命一脉相承,并与母体大学呈现依存关系。大学出版社一方面需要服务于本校师生的教学与科研工作,另一方面,随着社会发展需求的变化、高等教育在不同历史阶段发展作用的不同,大学出版社也要致力于社会服务、文化传承与人才培养。

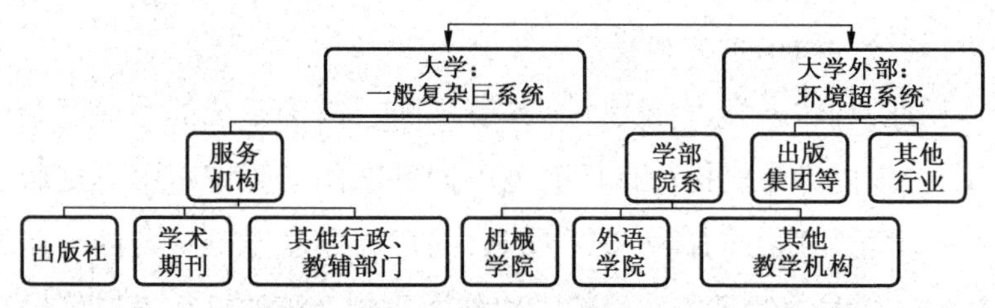

图 4-1　基于系统科学理论的大学出版社与母体大学关系分析

2. 母体大学为大学出版提供得天独厚的条件

国内外的大学历来都是人才汇聚之地,知识资源分布密集、科学文化积累丰厚,能带来的出版资源永续不绝①。大学出版社具有以下三点优势。

1) 体制功能的优势

大学出版社属于文化机构,在大学母体中与教学科研机构并重,同时也是为大学科研、教学与文化成果的传播与记载提供重要服务功能的机构。国内外的大学出版社多为大学不可分割的一部

① 邬书林. 学术出版——中外大学出版社共同的历史使命[J]. 中国编辑,2007(5):4-5.

分，归校委会或者校董事会直接管辖与领导。以美国为例，美国的商业化程度和学术资本主义精神渗透得很彻底，但大学出版行业多属于非营利性质①。大学出版社实则在传统上属于商业门类的出版业中建立了一些“非商业的分区”，“依靠庇护它们的大学、通过公立地位或者非营利地位获得对它们的直接支持，大学出版社继续维持着不受市场压力的高质量的出版。虽然它们只占出版品种的8%，但它们的这1.2万种书籍对于美国思想和文化的更新依然是至关重要和生命攸关的”。“作为广泛商业化的行业中的非营利的孤岛，大学出版社的作用不在发行量，也不在营业额……大学出版业使数千种图书和至少700种期刊得以发表，这些出版物不是仅仅按照市场规则来选择、出版和发行的。”虽然这个行业经历了严重的经济危机，但这些出版社总体情况还算好……“至今仍成功地保留了它们的‘灵魂’”②。

2）作者、读者与科研成果的优势

大学出版社与大众出版社的一个重要区别在于学术出版的作者与读者群体相对稳定，一般以较高的定价将图书销售给较稳定的读者群体；作者群体以在科研中取得较卓著成就的学者与科研人员为主；研究成果的创新性保证了学术出版的学术品位，避免了一些大众出版社的浮躁之风。大学出版社要充分挖掘母体大学独特的知识与学术资源优势，比如国家重点学科、ESI全球排名前1%学科等，以学科特色为依托，树立高品位、高层次的学术出版品位。除此

① 赵丽华.大学精神与大学出版——民国中央大学“学人办刊”研究[M].北京：中国传媒大学出版社，2016.

② 弗雷德里克·马特尔.在本土与全球之间双向运行的文化体制[M].周莽，译.北京：商务印书馆，2013：337-341.

之外，大学出版社的作者具有学者身份的优势，便于一些响应国家重大需求选题的开展。除专业论著外，学者也可撰写科普性著作与翻译国外的优质学术成果与教材。

3）社会环境的优势

大学出版社不同于一般的商业出版社，除拥有自身的销售收入外，一般都有母体大学的财政补贴与社会资金的资助。美国大学出版社协会的执行理事彼得·伯克利（Peter Berkery）称，约80%的大学出版社从其所附属的机构获得补贴，平均约占预算总额的15%。相较许多学术出版社而言，斯坦福大学出版社的图书销售额已经很高，每年出版约130本书，在中东研究、犹太研究、商业、文学和哲学领域享有盛誉，每年的图书销售额约500万美元，但它并不能完全自负盈亏，仍然需要来自大学的财政支持①。除此之外，大学出版工作属于社会认可度相对较高的工作，有益于人的相对高层次需求——社交需求、尊重需求与自我实现需求的满足。

二、大学出版社学术出版面临的问题

2020年1月8日公布的《2019中国图书零售市场报告》显示，全国图书零售市场规模持续增长，同比增长14.4%，码洋规模达到1 022.7亿元。其中，网店仍然保持高速度增长，同比增长24.9%，码洋规模达到215.1亿元；实体店继续呈现负增长，同比下降

① 吴鑫，聂丽平. 斯坦福大学出版社争议背后，大学出版社该以盈利为中心？[EB/OL].（2019-05-18）[2020-07-12]. http://www.bjnews.com.cn/culture/2019/05/18/580469.html.

4.24%，降幅较2018年有所收窄[①]。相对于整个图书市场码洋的快速增长、潜力巨大，当前我国文化市场上的传世经典并不多。出版内容的稀缺性和权威性是衡量出版社思想创见的重要指标，而大学出版的学术出版的优势与特色并未完全展示出来。正如习近平总书记《在哲学社会科学工作座谈会上的讲话》中所指出的“面对世界范围内各种思想文化交流交融交锋的新形势，如何加快建设社会主义文化强国、增强文化软实力、提高我国在国际上的话语权，迫切需要哲学社会科学更好发挥作用”，“总的看，我国哲学社会科学还处于有数量缺质量、有专家缺大师的状况，作用没有充分发挥出来”[②]。

（一）图书品种单一，学术出版销量有限

大学出版社的图书结构多为以下三类：教材教辅类、市场类、学术类。与大众出版社一样，教材教辅类图书始终占图书品种的大多数。究其原因，一方面，整个图书市场的图书选题呈现同质化特征；另一方面，我国每年学术类图书的销量太少。数据显示，教材教辅类图书已占总量的75%左右；市场类与学术类占25%，而这其中的15%左右为专业出版，留给大众的市场图书占10%左右[③]。

1. 教材教辅类图书

当前，大部分大学出版社以教材教辅与市场图书的利润资助学术类图书的出版。就三者的占比来看，教材教辅占比最高，大都占

① 中国新闻网. 2019中国图书零售市场报告：规模破千亿 网店高速增长[EB/OL].（2020-01-09）[2020-03-20]. http://www.chinanews.com/cul/2020/01-09/9055162.shtml.

② 人民网. 习近平在哲学社会科学工作座谈会上的讲话[EB/OL].（2016-05-19）[2020-03-20]. http://cpc.people.com.cn/n1/2016/0519/c64094-28361550.html.

③ 严芸. 畅销书的选题策划探究[D]. 南宁：广西大学，2008.

销售码洋的50%~80%。但是,此类图书的销量,尤其是中小学教材教辅往往与地区行政政策密切相关,受市场影响较小。

随着国家对中小学教辅市场的管控越来越严格,大学出版社依赖教材教辅类图书支持出版社经济地位的形式受到了严重的挑战。大学教材教辅类图书的策划与出版也与本校教务部门的管理规定密切相关,一些大学把握"择优选用"的原则,加大教材建设力度,完善的教材选用制度后,力争选用具有科学性、先进性且适合本校情况(教学大纲、学时数等)的高质量教材。比如,优先选用"十一五""十二五"等教材以及省部级以上规划或奖励教材。学校加强教材委员会建设,与各院系一起严把教材质量关,坚持"质量第一、择优选用"的原则(见图4-2)①。教材教辅类图书的选用门槛在不断地提高,这也使此类图书的选题与销量受限。

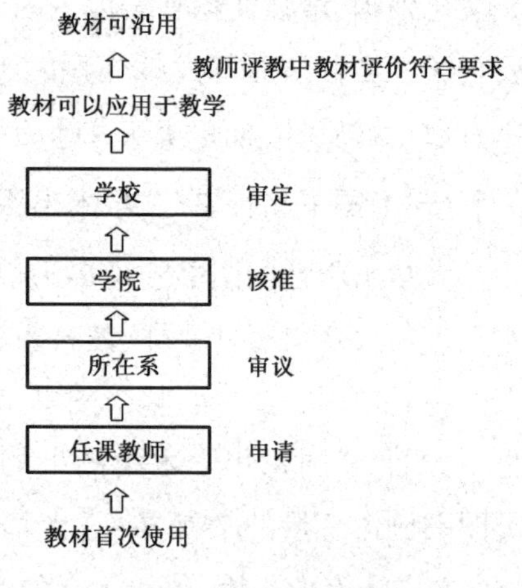

图4-2　教材选用程序

2. 市场类图书

市场类图书在大学出版图书中占比较低,发行渠道的有限性导致企业利润非常微薄。市场类图书以满足大众市场的需求为主,具有读者需求层次不一、开发难度较大、发行销售市场化的特点,往往成为畅销书或大众图书的主体,具备广大的读者群体。

---

① 孙莉.高校教材选用面临问题及对策研究[J].教学研究,2015(3):58-61,57.

相对于教材教辅类图书与专业类图书而言,市场类图书中畅销书占比较大。畅销书或被称为大众图书,是以大众为主要读者对象的图书,因此服务对象为大众而并非某一特定群体。也有学者将畅销书定义为以线性读者群为目标市场的差异性图书产品。所谓"线性读者群",是指畅销书的读者群不应当只局限于某一地区、某一职业或者某一文化层面、某一年龄段,应当是穿越了地区、职业、文化与年龄界限的图书产品。数字出版时代,图书品种呈现几何倍数增长,这也导致了每种图书的生命周期大大缩短,畅销书需要在更短的时间内呈现家喻户晓的流行趋势。

3. 学术类图书

现存问题为学术出版受众群体小,大多以图书馆为销路,除少数图书有项目资金资助,大部分学术图书没有资金支持,市场销量小导致难以同时兼顾经济效益与社会效益,这就为大学出版社的学术出版带来很大的财政负担。当前,我国大学出版社多将学术出版控制在总体出版数量的30%左右,以保证大学出版社的学术性,出版学术精品的同时,又能使出版社有一定的财力支撑,有利于企业的长远发展。大学出版社虽然在发展历史、规模、模式等方面不尽相同,但学术类图书的特色保证了大学出版社定位与使命始终具有一致性。正如丹尼尔·科伊特·吉尔曼先生在创办约翰·霍普金斯出版社时所言:"一所大学最崇高的职责就是推进知识的传播,不仅让那些能够走进课堂的人获得必要的知识,同时还应该将其传播得更加久远。"①

---

① 邬书林.学术出版——中外大学出版社共同的历史使命[J].中国编辑,2007(5):4-5.

(二) 与大型出版集团差距大,被出版市场边缘化

1. 资源与信息集聚于中央级大型出版社

中央级的大型出版社利用自身的资源优势、信息优势,凭借雄厚的经济实力,使品牌效应凸显,优质资源更加集聚,出版资源呈现“马太效应”。大学出版社在与中央级大型出版社竞争高水平学术论著时往往呈现劣势。有资金资助的学术类图书往往倾向于首选中央级大型出版社,比如商务印书馆、人民出版社等,或者知名度高的大学出版社,比如北京大学出版社、复旦大学出版社、华东师范大学出版社等。相对而言,中小型大学出版社的学术类图书多无出版资金的资助,这对企业来说也是一种负担。

2. 校内高水平优质作者群的流失

从整个出版行业来看,大学出版社与母体大学的发展水平密切相关。“双一流”大学的出版社在本校一流学科的加持下能获得更多优质学术资源,而中小型出版社面临的问题为以下两点(1)母体大学学术水平有限,进而获得的学术资源有限。(2)大学出版社的行业影响力实质上体现了其对学术成果评价的作用。校内优质作者群体甚至并不认可本校出版社,认为品牌的含金量与影响力不够,纷纷转去更知名的出版社发表自己的学术成果。

(三) 读者群体受众小,图书种类繁多,退货率高

学术类图书尤其是专著,由于具有前沿性与专业性,往往读者受众群体很小,进而导致图书销量少、需求价格弹性较低。这是对学术出版最严重的制约,很多问题也由此而来。由于学术出版读者群的需求价格弹性也较低,读者对价格敏感度不高,这也是国际上

普遍对学术出版书籍采取高价格策略的原因①。

学术出版多涉及前沿领域，研究方向多且深入，这就使专著的种类非常分散，读者群体呈现数量少且分散的特点。除此之外，一些学术类图书进入书店后往往长时间无人购买，导致库存、管理、物流及营销上的难度，退货率也较高。

三、大学出版社学术出版的思路

（一）以精品出版为主，深耕特色出版与主题出版

好的大学出版社应以“出精品”“出特色”为目标，凝练出版社自身的特色优势，对产品具有规划性、预见性、导向性。由于大学出版社不以大众型、畅销类图书为“主打产品”，因此不能随着大众口味而随意改变，也不能随着流行风向而随意转变。在经济时代，大学出版社要坚持以“内容为王”，出版物的内容要有思想、有创建、有价值，这些要素都是文化软实力的重要外现②。

1. 精品出版

“精品出版”是指大学出版社结合母体大学的各种科研资源优势，开发内容优质的高质量出版物。以复旦大学出版社外语分社为例，不断调整作者队伍，将外地外校的优秀作者纳入重点关注的作者群中，作者群体包括复旦大学、上海交通大学等诸多“双一流”高校的外语名师；同时，不断优化出版结构，以质量为先，推出了“十二五”规划教材《21世纪大学英语（修订版）》《21世纪实用英语》等。

---

① 何戈，张岩. 数字出版环境下大学出版社的学术出版之路[J]. 出版发行研究，2010(12)：58-60.

② 郭纯生，徐雁华. “软实力”竞争赢在人才“硬功夫”[N]. 中国新闻出版报，2013-01-31(4).

2. 特色出版

"特色出版"是指大学出版社内部发力品牌的精细化运营,对某一出版方向进行深耕并细分,进而形成个性鲜明的出版风格,使出版物选题取向与内容风格具有独特性与稳定性。出版特色是出版社的生命之本,没有特色的出版社将在出版物市场竞争中惨遭淘汰①。国家新闻出版署公布的数据显示,2019 年我国 561 家出版社共报送图书选题 228 020 种(图 4-3),选题品种超过 3 000 种的有 5 家。大学出版社要在众多选题中的脱颖而出,就需要打造特色产品线,积累代表作。比如,2016 年起,广西师范大学出版社推出的以诗歌、诗人与诗意为特色的"诗想者"品牌图书获得成功。华东师范大学出版社以图书品牌命名并成立分社——"六点图书"。该分社以学术与小众为出版定位,每年出版图书的种类已由最初的 10 余种增长至百余种。大学出版社也应基于图书产品开发周边产品,延伸图书产品的创意活动、开发线上产品等。

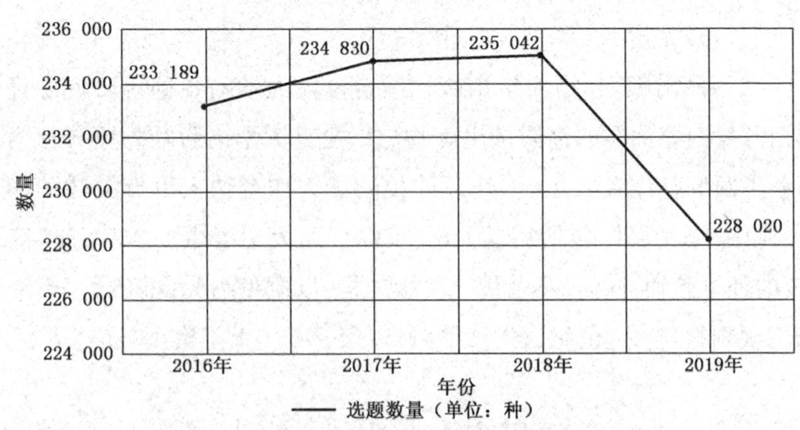

图 4-3 2016—2019 年选题数量规模变化图

① 杨志锋. 出版特色的形成和保持[J]. 科技与出版, 2001(6):16-19.

3. 主题出版

"主题出版"的提出源于2003年新闻出版总署实施的主题出版工程。主题出版主要聚焦于国家的政治生活、经济发展、社会进步、文化繁荣等方面,围绕涉及的重大理论、热点事件、重点题材等,针对特定主题、活动等开展选题策划、编辑出版、市场营销等一系列出版活动①。"文章合为时而著",我国的主题出版体现了出版界倡导围绕中心、服务大局、牢记使命的目标以及"以人民为中心"的出版导向,呈现了溢出效应、制服效应、集聚效应、双轮效应。比如,上海交通大学出版社的《科技重塑中国》体现了出版物选题类型要既注重传统题材,也关注中华民族的科技文化。北京大学出版社的《邓小平理论与当代中国哲学社会科学发展丛书》为理论性、实践性和总结性兼具的专著,配合党和国家的工作主线,落实"三个代表"精神。上海交通大学出版社的《东京审判出版工程》与南京大学出版社的《钓鱼岛问题文献集》都体现了服务国家大局、对接国家战略的选题。为了便于读者阅读,人民出版社推出了"党员小书包"App与"学习习近平重要讲话系列"App版图书。

当前,我国的主题出版已形成规模,选题呈现多样化,借助数字化产品的大量上线,拓展了出版物的传播渠道,丰富了读者的阅读体验,但在企业影响力的提升上,主题出版的选题开发面临着"三大矛盾":数量规模与质量的矛盾、严肃性与大众化的矛盾、时效性与长期性的矛盾,对这些问题大学出版社在生产流程中应予以注意②。

---

① 李建红. 2013—2017年主题出版的选题特点、矛盾及对策[J]. 出版科学, 2018(1):33-37.

② 李建红. 2013—2017年主题出版的选题特点、矛盾及对策[J]. 出版科学, 2018(1):33-37.

（二）现代文化企业制度与人才队伍是大学出版社发展的两大基石

我国大学出版社于2010年基本完成转企改制后，首先需要面对现代文化企业制度与人才队伍的问题。其中，如何走好现代文化企业之路是亟待破解的一道难题。大学出版社需建设现代文化企业制度，引进先进的管理理念与管理模式，制定以市场为导向的企业发展战略，应用现代管理技术与市场营销战略，提升企业的运作效率，制定对编辑全面且科学的考核制度。从出版社领导层的角度来看，需要更新观念，进行渐进性、重构性的变革，在制度建设上保证员工工作的积极性与创造性，使其在图书市场上敢想、敢干、敢闯，实现从思维方式到工作作风的及时转变。

人才队伍是企业发展的关键，也是企业的核心竞争力所在。大学出版社需要具备创新精神与专业素养的策划编辑人才、专业营销人才、经营管理人才等。其中，一专多能、具有团队合作能力的编辑队伍是大学出版社能够做大做强主业的前提与基础。这就需要一方面企业本身增强对人才的吸引力，完善对编辑的考核与激励机制，避免“一刀切”的考核方式；另一方面也要引育并重，为编辑们提供深造与进修的机会，以老带新。由于大学出版社在企业规模等方面与出版集团等存在差距，导致人员流动性较大，这就需要大学出版社以大学精神与企业文化吸引并留住人才。

（三）通过新技术，聚焦数字出版的融合创新之路

相对于大众出版，大学出版具有两个特性——教育性与学术性。母体大学一般都设有计算机专业，因此与大众出版社相比更具备数字出版得天独厚的优势，可将新技术运用于大学出版的各个环节。大学出版的新技术路径向左走，是教育场景的深度技术融合；

向右走，是学术出版的知识服务，这两个特点为大学出版新技术的应用提供了方向①。新技术在大学出版中的应用主要为以下几个方面。

1. 内容生产环节

大学出版的最大特点是融合出版的内容类别多元化及多元内容衍生出多元的服务。出版内容类别包括图书、音视频（含微课）、PPt课件、试题、文本（教学设计等）、动画、碎片化学术条目等。② 编纂流程也实现了由线下生产环节转至线上的转变，利用计算机辅助，可以更高效、更准确地追溯云端内容生产模式。平台也为内容生产提供了用户反馈数据，以支持内容生产环节。

2. 产品销售与发行环节

大学出版社历经多年的发展，一般已经拥有了丰富的存量资源与一定数量的读者群，这为数字出版提供了保障。大学出版社以互联网为平台，利用大数据、云计算、人工智能等数字技术实现优质内容的最大化传播。依托新技术，实现产品的精准推送；通过二维码对图书以微信群、QQ群等社群的形式推广；使用大数据，对用户精准推送新书、新资源、学术会议等；打造“书+多媒体+网络资源”的新型图书出版模式，在数字教育出版领域打造“内容+技术+服务”模式。

---

① 邱恋，陈前进. 新技术在大学出版中的运用与创新［J］. 出版广角，2019（20）：9-11+20.

② 邱恋，陈前进. 新技术在大学出版中的运用与创新［J］. 出版广角，2019（20）：9-11+20.

第三节　大学出版社:大学的“第三势力”

一、“大学的‘第三势力’”提出背景

(一) 高等教育的不断发展

高等教育对大学的定位一直在随着社会的变革与发展而不断地变化。早期的大学仅仅作为“人才培养的场所”。到20世纪上半叶,大学肩负起教学、人才培养和科技创新的使命。1963年,随着克拉克·科尔“多元化巨型大学”概念的提出,高等教育由精英化向社会化过渡,他的思想引领了美国高等教育从精英教育到大众教育转变,“教育消费时代”与高等教育大众化的时代到来,高等教育呈现高度多样化,与大学的关系也发生了颠覆性的变革。当前,大学已经开启了“前瞻性大学”的发展阶段,大学成为国家乃至全球问题的参与者与积极的组织者,进一步提升与突出了社会中心的地位。

我国高等教育正处于由大众化向普及化过渡的特殊阶段,实现内涵式发展势在必行。高等教育规模的迅速扩大给高校人才培养造成了巨大压力,扩招后呈现资源紧张、师资力量不足与发展趋同化等问题,并在学科建设、人才培养、师资队伍建设、管理体制和大学精神弘扬等内涵式发展上存在滞后现象。如何以科学发展观为指导,使高校从重视“量”的外延式发展道路转变到重视“质”的、以提升软实力为主的内涵式发展轨道上来,探寻一条适合当地经济社会发展现状的道路,已经成为亟待解决的问题。党的十八大报告提出“推动高等教育内涵式发展”;党的十九大报告中,习近平总书记明确提出“实现高等教育内涵式发展”,由“推动”向“实现”可以看

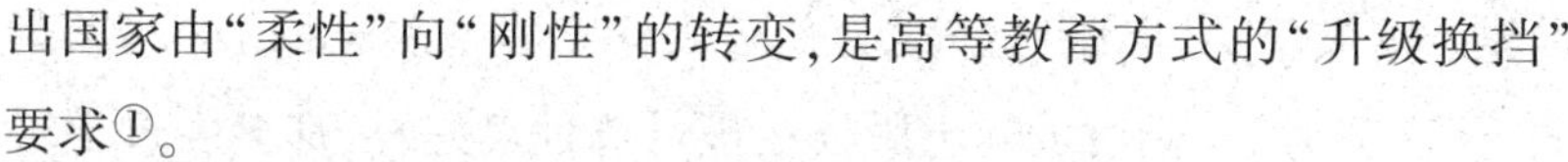

出国家由“柔性”向“刚性”的转变，是高等教育方式的“升级换挡”要求①。

（二）在知识创新体系中地位的提升

大学的定位与作用随着时代的发展不停地变化，隶属大学的大学出版社的作用也在不断地随之改变。霍普金斯大学是美国最早成立大学出版部的高校，提出出版部门与研究室、图书馆一道构成“第三势力”，“要普及知识、要普及得既深且广”。大学出版社已经随着大学成为现代社会的中心，在国家和地区知识创新体系中发挥着越来越重要的作用。东京大学出版社的石井和夫认为“大学是靠教育和研究及出版这三位一体的机能对社会发挥作用的。这种理念也反映了以研究为中心的大学院的诞生。由学会杂志发表已获得的学术情报，由大学出版部公开出版集新知识之大成的成果这种方式，伴随着高等教育的扩大也保证了大学出版部发展的良好前景”。②

二、大学出版社要立足于社会，服务于社会

大学出版社的出版活动是大学服务社会的渠道之一，也是大学教学与科研活动的延伸。大学服务社会最直接的渠道是教学与研究，而大学出版社通过将大学学术研究与教学成果形成专著或教材等形式向大学这一复杂巨系统的环境超系统输入，进而服务于社会需求，引领科学与文化的发展方向。在英国牛津大学与剑桥大学等

---

① 孙菊．以提升软实力为主促进河北省高等教育内涵式发展[J]．教学研究，2013(1)：16-19+123.

② 石井和夫，许耀明．大学出版的岁月[M]．北京：北京大学出版社，1990.

世界一流大学中,出版已经成为代表大学学术成就、弘扬学术风范的“第三势力”。剑桥大学出版社在进行每种选题时,都会经过学术委员会的论证,以保证出版物的总体质量与学术性,使每个选题在相关领域内都是最出色的。世界各地的读者可以通过出版社所出版的书籍,即使没有机会进入牛津大学与剑桥大学学习的情况下,也接受了世界一流大学的影响。同样,其他世界一流大学,如哈佛大学、耶鲁大学、哥伦比亚大学等所办的出版社也都走的是学术出版路线。

三、大学出版社立足于大学,服务于大学

教育部社会科学研究与思想政治工作司原司长顾海良曾指出:“一流的出版社不一定在一流的大学,但一流的大学一定有一个一流的出版社。”大学是以知识为核心的学术组织,具有人才培养、科学研究、社会服务与文化传承四大职能,与其他出版社相比具备专业与学科的优势,具备独特知识和学术价值的优势,同时大学的办学理念、办学特色、大学精神、品牌价值等也是大学出版社的宝贵资源。

大学出版社应依托、挖掘并获取这些独特的知识与学术出版资源,通过策划选题、主题出版等方式,树立高品位、高层次的学术出版地位,与其他部门协同完成大学人才培养这一根本任务。同时,大学出版社也要服务于本校的教学与科研工作,为人才培养与科学研究提供优质的服务与学术阵地。一方面,大学出版社应该注重对青年学者的培养,承担起推举新人的义务,为其学术成果的传播提供平台;另一方面,大学出版社对本校所教授的学科领先学术成果,利用自身渠道加快传播速度与力度。

第四节 智媒体时代大学出版的使命

大学出版作为我国出版的主线之一，通过知识、文化与精神三个媒介与大学母体相联结，与大学的使命具有一致性。历史视域下，二者践行“学术自由”与“学术独立”的使命也一直未曾改变。智媒体时代，数字化出版已成为科学技术成果传播的主要渠道，大学出版要采取多路径向信息化、国际化、纵深化继续推进，以完成推动大学、社会乃至全人类科技与文化进程的使命。

习近平在《在哲学社会科学工作座谈会上的讲话》（以下简称为《讲话》）中指出，我国哲学社会科学领域中存在“话语体系建设水平总体不高”“学风方面问题还比较突出”“有专家缺大师的状况”等问题，分析智媒体时代大学出版的使命，为破解《讲话》中当前学界中存在的问题，引领我国哲学社会科学在内的科学发展提供路径与智慧，以给理论创造、学术繁荣提供强大的动力和广阔的空间，争取国际学术共同体中的话语权，体现我国的科技竞争力和文化软实力。

一、大学出版与大学使命具有一致性

大学出版的服务大学与追求学术的使命，自诞生之日起就一直都未曾改变。大学出版与民营出版是近现代中国出版的两条线索。大学出版包括大学出版社与高校学术期刊两大类，其中高校学术期刊又可细分为高校综合性学术期刊（学报）与高校专业性学术期刊。大学出版具有记载、评价、引领、传播科研成果的作用，推动学术探索与创新，拓展与延展大学功能。从出版业与大学各自发展的历史来看，大学与出版业产生的缘起与作用具有一致性。对大学母体与

大学出版二者进行基于系统科学的分析显示：二者通过知识、文化与精华媒介紧密相连。这使大学出版的使命与大学的使命具有本质的一致性、一脉相承、密切相关，共赢共生也存在必然性。

（一）从历史角度看，大学出版与母体大学一脉相承

从世界出版史的视角来看，是大学孕育了最初的出版社。大学要完成人才培养、科技研究、知识传播与文化传承的职能，就需要以出版物为媒介记载与传播当时先进的知识与成果。欧洲大学出版业萌芽于 13 世纪，开始并兴盛于 15 世纪。最古老的出版社是英国的剑桥大学出版社与牛津大学出版社，前者于 1521 年印发了第一本书，后者于 1468 年出版了第一本书《使徒教律之批判》①。时至今日，大学出版一直体现着高学术性与高研究性，通过发布最新的科研成果引领科学与文化的发展。

从世界高等教育史的视角来看，大学与出版的追求具有一致性。大学缘起于学人们对"学术自由"与"学术独立"的追求，要传播知识、培养人才，而大学出版作为传承文化与知识的重要媒介，一直是学人彰显大学精神、追求学术自由的媒介。以我国始于清代后期、兴盛于民国时期的"学人办刊"为例，志同道合的学者们以名校为聚集地借办刊以发声。约翰·亨利·纽曼最先对提出的传统大学定义，认为自由是大学的特质，应实行博雅教育（Liberal Education）；自由在于"除了使用之外，不会带来任何结果"，大学是一个"对任何一边不侵犯也不屈服"的场所②。随着大学功能的不断拓展，洪堡提出大学要肩负教学、科学发展与人才培养的使命。1963

① Norman Cousins. 美国之大学出版事业［J］. 天下事，1940(8)：27.

② 约翰·亨利·纽曼. 大学的理想［M］. 徐辉，等译. 杭州：浙江教育出版社，2001.

年，克拉克·科尔提出赋予大学服务社会的职能，引领了美国大学从精英教育到大众教育的转变。时至今日，大学已经成为地区乃至全球问题的自觉参与者与积极组织者，突出了社会中心的地位，而大学出版凭借母体大学得天独厚的学术优势与母体大学的中心地位，已经与研究室、图书馆一道成为代表大学科研成就与学术风范的“第三势力”，在国家创新体系中担当着重要的作用。

（二）基于系统科学理论共生共赢具有必然性

系统科学是以系统为研究与应用对象的一门科学，把研究对象作为相互联系、相互作用的要素（部分）组成的具有一定结构和功能的有机整体。大学可视为一个有不同层次子系统的一般复杂巨系统，大学出版社和期刊部门可以作为巨系统的子系统，每位大学人是系统的要素。系统要保持活力就必须保持开放并与外界进行能量交换，这为回答大学精神引领大学出版、“一流的出版社不一定在一流的大学，但一流的大学一定有一个一流的出版社”等问题提供了理论基础①。

二、大学精神引领大学出版

大学出版为大学学术共同体中的教学与科研提供知识服务，也为高校重塑大学精神、大学研究保持“为知识而知识”的学术性提供支持。大学出版已成为传播社会文化与精神文明的载体，是高校资产中最有价值的部分之一，也为大学创造了社会效益与经济效益。

---

① 中央政府门户网站. 龙新民到清华大学调研：一流大学要有一流出版社[EB/OL]. (2007-04-12)[2020-05-16]. http://www.gov.cn/gzdt/2007-04/12/content_579807.htm.

(一) 大学精神的作用

大学精神是整个大学在一定历史发展过程中逐步形成和培育起来的一种群体意识,是一所大学体现出来的生命力、创造力、凝聚力等整体的精神面貌,是一所大学共同的思想品格、价值取向和道德规范的综合体现。弗莱克斯纳曾言:"在保障大学的高水准方面,大学精神比任何设施、任何组织都更有效。"①大学精神并非一日而就,而是代代相传,经过几十年甚至上百年学人们的奋斗所形成的。不同大学的发展定位、办学理念、学术风气、发展实际情况与层次各异,对大学精神的凝练与表述也有较大不同(表 4-1②)。

表 4-1 大学精神的表述及源出举例

表述	学校或引用者	引用方式	出处
兼容并包,思想自由(万物并育而不相害,道并行而不相悖)	北京大学 蔡元培	原文	《史记·司马相如列传》 《中庸》
自强不息,厚德载物	清华大学	原文	《周易大传》
大学之道,在明民德,在亲民,在止于人民之幸福	陶行知	原文修改	《大学》 苏格拉底
允公允能	南开大学	自创	中国群体本位思想
刚毅坚卓	西南联大	自创	源出阴阳家学说
诚朴雄伟	中央大学	自创	"诚"出自《中庸》

P. 布尔迪厄的理论可以解释大学精神产生的原因:不同大学场域间形成差异,进而产生边界;这些"同类人"持续性聚集产生"整体

① Abraham Flexner. Universities: American English German [M]. Oxford: Oxford University Press, 1930.

② 储朝晖. 中国近代大学精神史[M]. 北京:人民教育出版社,2013:20-21.

内部自爱"即"群体精神"①,进而产生大学精神。大学精神对高校的精神、文化、制度层面,办学指导思想、目标定位、发展思路、规章制度等都有所体现,并渗透在校内日常生活中,凝练成大学人的气质,发挥导向、规范、凝聚、激励、熏陶与感染作用。大学精神是大学的灵魂所在,它的高尚在于精神层面真正地崇尚学术、追求真理,对国家、民族乃至整个人类的进步有着强烈的责任感与历史使命感。

（二）大学精神的引领作用

大学出版是展示本校教学科研成果的窗口,是学校科研的重要组成部分,使大学研究保持"为知识而知识"的学术性,遵循学术规范,严把质量观,以社会效益为重,真正成为传播社会文化与精神文明的载体,也成为高校资产中最有价值的部分。在中国高等教育的发展史,乃至整个社会的发展进程中,大学精神为大学与大学出版指明了发展方向,推动了学术的探索与创新,拓展与延伸了大学的功能,实现了与大学的共生与共赢。大学精神与大学出版具体通过知识、文化与精神三个媒介相联结。

1. 知识联结

知识联结即在发展知识的基础上,不断强化理性知识,并以理性知识规范知识创新的发展方向,形成了以"创造精神、批判精神和社会关怀精神"为核心的大学精神。

2. 文化联结

文化联结即大学的职能之一是文化传承,大学出版是应大学文化职能扩展而相继建立的。高校应引导学者们树立健康的个人学

---

① P 布尔迪厄. 国家精英——名牌大学与群体精神[M]. 杨亚平,译. 北京:商务印书馆,2004.

术兴趣与科研价值观;透过深厚的文化底蕴折射出大学的学术底色与人文追求。学术研究需要时间的积累与知识的积淀,从来不是临阵磨枪,刊载出的学术精品体现学人们深刻的文化思想与对学术自由的追求。

3. 精神联结

精神联结即经大学精神指导的知识转化行为,是高校完成大学出版使命的根基。对于学术期刊而言,学术成果要满足期刊的栏目设置与学术水准;对于大学出版社而言,学术成果要满足对书籍的选题定位与质量要求。这个过程实质是出版的选择预加工以适应传播需要的过程,体现了学术共同体的自我意识,实现了知识从思维形态到物化形态的转变,彰显了大学特有的价值判断、价值选择和价值认同。

三、智媒体时代大学出版使命的实现路径

应用性与前沿性是编辑出版学的重要表征。智媒体的个性化、精准化、快速化、简单化、智能化、覆盖面广、直观性强等特征使学术成果的传播更为便捷,为学术成果相关专业学人提供更多吸引学术共同体关注的路径,也为非相关专业的读者群体提供了更多了解大学科技成果的机会。智媒体下,大学出版将呈现 出“快”“准”“简”三个特点,在5G技术的加持下,迎来新的发展契机,一方面大学出版可以利用AR、VR、视频直播等大容量数据处理等技术,实现“主题出版+数字技术”丰富展现形式,搭建新的增值服务平台,建设哲学社会科学在内的话语体系,引领世界学术前沿的发展;另一方面,大学出版要坚守“学术自由”与“学术独立”,传承母体大学精神与传播科研成果的使命一直不曾改变。

（一）传承母体大学精神，多渠道促进学术繁荣

大学出版在秉承大学精神的前提下，与母体大学使命保持一致性。虽绝大部分大学出版社实现了转企改制，但是码洋始终不能取代精神与文化的传承功能。即使在智媒体时代，手段终究也要服务于目的，大学出版为教学科研服务的使命不能改变。大学出版要秉承理性主义，通过选题、热点、学术性等凸显注重知识与文化间转化的内在规律，以知识传承使命，将兼容并包、学术自由等思想融入大学出版理念之中；考虑设置既有学术性，又从长远看能满足人民日益增长文化需求的选题；作为高校学术共同体的有机分支，传播先进文化成果。在多渠道传播学术成果的实现上，上海交通大学出版社的“慕知阅读”App，上架了300多本电子图书资源，并配置有声内容与英语数学等微课视频，依托大学母体优势，丰富了出版内容。北京大学出版社专设“博雅讲坛”App，与官方微信公众平台联结，推进在线资源平台，通过大数据分析等形式推送，充分利用了母体北京大学的学术资源，注重公益性与持久性地刊载；清华大学出版社微信公众平台也添加了“水木直播”与“近期会议”栏目，使学术信息传播文、图、影、音、视频等多手段相结合，渠道多样化，传播方式多样化。

（二）注重社会服务职能，响应社会需求

高校具有科学研究的职能，要响应社会需求，一方面要推出高、精、尖类科技出版物，保证学术出版的引领作用；另一方面也要出版面向基层、面向农民、面向群众的科普图书，为繁荣出版业多作贡献，在国家面临重大疫情灾害之时，尤其需要凸显大学出版利用自身学术资源优势，体现在科普传播、在线教育、新闻合作等方面的担当与创新。智媒体时代，这些作用也将在多种媒介的加持下对大学母体乃至整个学术生态系统产生更大的影响，大学出版抓住契机以

实现时代赋予的使命势在必行。比如,在全国抗击疫情期间,为定军心,稳民心,利用智媒体传播更快速的特点,实现读者与期刊的联结,也充分发挥网络化出版碎片化阅读的优势。清华大学出版社积极响应教育部关于"停课不停学"的号召,把疫情防控知识传播作为首要任务,开放"文泉学堂"等多个线上知识库平台,以3万余种电子书资源为基础,聚合多媒体附件和特色教学内容资源,进行了抗"疫"系列直播课,陆续启动了《战"疫"心理防护手册》《新冠病毒肺炎心理防护扑克》《线上加油站 新冠疫情下心灵守护操作指导》等编写工与网络出版工作①。

(三)通过选题凸显大学精神,发扬文化传承作用

大学的诞生离不开学者们对学术"自由"与"自治"的追求,进而演化为大学学术共同体秉承的大学精神,因此这一思想要贯穿在大学出版的过程中。通过大学设置出版选题,活跃学术气氛,让不同学术观点在学界有交锋、碰撞,进而迸发出智慧的火花启迪思维。期刊与书籍都属文化商品,遵循着市场发展的基本规律,若仅将其定义为市场上的商品而缺乏政府的管控,将其生存与发展完全交由市场,过于简单地衡量与评价而忽视独特个性与意义,将对人类社会文化传播产生巨大负面影响。这也就解释了为什么国家要对出版物发行的一系列环节进行严格把控,不能完全交给市场。大学出版就像一把"双刃剑",细节之处影响到学校内外的方方面面,宏观之处关乎大学的灵魂——"大学精神"。比如,复旦大学出版社一直以引领学术与文化为己任,出版的《中国行政区划通史》与《王安石

① 郝振省.疫情防控阻击战中的数字出版与融合发展[J].现代出版,2020(2):5-9.

全集》虽属冷门却是具有重要文化价值和传承意义的“绝学”，获国内人文社科领域最高层次科研奖励——教育部高等学校科学研究优秀成果奖(人文社会科学)。广西师范大学出版社注重思想文化领域的出版，推出“理想国”系列成为思想人文出版的一面旗帜。

(四) 使用5G技术搭建主题出版平台

2019年6月，我国正式进入5G商用元年，人机互融、万物互联的第五代移动通信技术新时代开启。分众化、小众化、个性化的基于同好的社群进一步开启。5G高速度、低时延的特性使得传统的流量使用限制不再具有存在的价值，为大流量的视听阅读场景等智媒体时代传播手段提供了物质支持。抖音等网络直播平台快速兴起；“得到”App等一批结合知识付费的一般图书和专业图书相结合的音视频获得较大市场份额；网络课程成为教育出版数字化的重要内容，尤其是新冠肺炎疫情期间“猿辅导”“作业帮”等一批在线教育平台得以实现市场扩张，5G为这些音频与视频资源需求的大幅提高提供了物质基础。大学出版可以借鉴以上业内数字出版的成功案例，努力探索实现数字虚拟世界对出版业中物理世界的准确映射与实时跟踪，将二维码、AR/VR技术融入出版产品中，利用5G搭建专业出版平台，将主题出版与音视频、网络直播等相结合；搭建主题出版平台，突出时代命题，围绕党和国家发展大局，推出一系列话语研究命题，突出中国学术话语体系图书的生产；对人文社科一流大学，更需针对中国特色、中国风格，进行选题并推出高层次论著，借助学术话语阐释中国特色社会主义道路文化及世界意义。北京大学出版社推出的“一带一路”协同发展研究丛书入选国家“2017年主题出版重点出版物选题”，通过邀请来自学界、政界和业界不同领域的专家、学者以笔谈的形式，从政治、经济、文化的视角审视“一带一路”

的发展脉络,涵盖理论核心、历史沿革、外交政策、区域发展、产业经济等诸多内容,进行了全方位、高层次的分析和解读。

(五) 依靠母体大学,发挥人才资源优势

大学出版社具有学科、师资等先天优势,转企改制后要让员工全方位树立创新意识,敢想、敢闯、敢拼,打造一专多能,保持开放思想的人才队伍。一方面立足本校,充分挖掘学术资源优势;另一方面,要从精神状态到思维方式,从品牌打造到技术升级充分吸收市场先进成果,借鉴行业内经验。要打造出版品牌,优秀的编辑队伍必不可少。高素质的人才队伍是创新驱动发展的第一资源,也是学术期刊提升核心竞争力的关键要素。

从出版社层面来看:(1)要加大对优质青年编辑人才的引进力度,减少对编辑部岗位设置的束缚与限制,适当提高编辑人员的薪酬待遇,减少编辑岗位人员的流动。(2)要探索智能机器替代编辑完成简单性工作的路径,如文章格式、核红、勘误等,使编辑能更好地聚焦于创新性工作之上,如选题策划、编读互动、学理思考等。

从编辑个人层面来看:(1)编辑要"一专多能",不仅仅满足于"为他人做嫁衣",还要具备深厚的相关学科的专业知识,成为复合型、多元化人才,保持对学科前沿发展的敏锐性,为学者搭建学术观点交锋的平台,实现意识创新、机制创新、质量的创新,保持开放的思想,不断地学习以满足智媒体时代对编辑出版人才的新技能的要求,比如新媒体内容创作工具的综合运用能力、传播数据的采集分析能力等。(2)编辑要具备扎实的文字基本功与工作作风,提高自身的文化素养与学术水平,真挚、热情、周到地为专家、读者、作者服务,拥有优秀的作者资源以打造稳定、高水平的作者队伍,要具备合作与沟通的能力,增强号召力、凝聚力与服务本位意识,为读者和专家团队提供个性化、精准化乃至定制化的服务模式。(3)期刊属文化产品,智媒下出版品牌的塑造在竞争上将呈现全方位、立体化的趋势。读者即为市场,读者群越大就意味着市场越广阔,书刊在文化传播领域的影响力与话语权也将越大,因此拓展期刊智媒体下编读多途径的互动方式,塑造良好的业内口碑,提高学术能见度与辨识度,也是塑造出版品牌的必由之路。

(六)推出标杆性学术出版物,深耕特色出版

市场竞争强调"吨位",出版界强调规模与效益对大学出版形成了挤压。大学出版实现了转企改制,相对于追求利润与码洋,更多地应关注在价值观的重塑上,秉承"学术出版文化使命"理念,引领世界范围内的学术理想,构建有中国特色的话语体系,真正明晰科研的意义并非仅将科研作为一条晋升的工具或是路径。要做精品工程,大学出版社可以用特色化与优势化占领市场,以上海大学"创新中国"课程为例,集结了二三十位重量级的专家、教授组成的授课团队,以解决学生课堂内外全方位思考创新中国中的诸多问题。将课程资源转为面向"95后"的通俗理论读物,以问题为导向抛出一个个国家发展中亟待解决的问题,并吸引读者读下去。还依托校友平台,成立"上大社·锦珂优秀图书出版基金"以吸引和资助优秀出版物,打造了由国家科研院所、知名高校、出版机构等专家构成的学术委员会,以对出版物的学术质量进行评估①,利用大学自身的学术优势打造标杆性的特色学术出版物。

① 戴骏豪,徐雁华.大学出版如何服务出版强国建设[J].出版广角,2018(8):16-18.

第五章

大学出版以数字出版为“双翼”

学术出版“走出去”是国家文化“走出去”的重要战略,也是加强国家对外话语体系、提升国际学术话语权的重要路径。大学出版以“学术出版”为主,以数字出版助力“学术出版”,探索多样化的出版渠道,对接国外图书馆、高校、科技创新平台与学术网络平台,在国家政策的支持下,实现“走进去”本土化战略与“走出去”国际化战略“双管齐下”。

第一节 英美大学出版社数字化转型的启示

随着传统互联网与移动互联网的深入发展,公众的信息获取与阅读方式发生了巨大变化,数字出版不仅仅成为一种出版形式,更随着以数字化、信息化、网络化为核心的技术革命,形成了以数字出版为创新引领的新兴业态。当前,数字出版业已经成为出版产业发展速度最快的模块之一。大学出版在蓬勃兴起的数字出版热潮中,相对于大众出版集团,在数字化转型的进程中推进略显缓慢,在人才、资金、规模上仍存在缺口。英美大学出版社的产品形式呈现多样化,涵括了学术图书、学术期刊、词典与在线教育等。

一、英美大学出版社数字化转型的背景

英美大学出版社的数字化转型较早,主要由于外部资金支持力度减少,纸质图书的销量下降,使得出版社难以维持与运行,不得不开始数字化转型。

(一)发展历程

英美大学出版社多属于非营利性学术机构,以母体大学拨款、学术协会和社会机构为主要资金来源。新技术使读者的阅读方式发生改变,纸质图书的销量受到很大影响。英美大学出版社的早期

经营主要以市场效益低、内容专业性强、用户偏窄化的学术专著为主，积累了大量的人文社会科学与自然科学领域的经典著作，提升了大学出版社在学术领域的知名度与品牌价值。20 世纪中后期，由于英美政府减少了对高等教育领域的投资，大学出版社虽然在市场竞争中秉承着“大学精神”进行“学术出版”，自力更生地生存与发展也成为摆在面前的重要问题。研究显示，英美大学数字出版社数字化转型不同阶段的分析如表 5-1 所示①。

表 5-1　英美大学出版社数字化转型的不同阶段分析

序号	时间	发展阶段	出版特征	产品结构	代表出版社	标志性事件
1	1990—2000 年	摸索时期	1. 电子书 2. 纸质书电子化	单一	1. 哥伦比亚大学出版社 2. 牛津大学出版社 3. 剑桥大学出版社	1990 年，哥伦比亚大学出版社推出第一本数字图书《简明哥伦比亚百科全书》网络电子版
2	2000—2010 年	多点联动时期	1. 数字产品形态开发 2. 出版管理流程优化 3. 多方合作	多类型多元化	1. 剑桥大学出版社 2. 牛津大学出版社	牛津大学出版社与剑桥大学出版社推出了学术专著、在线教育与英语学习领域的数字产品
3	2010 至今	成熟时期	建立了稳定的数字出版生态系统	构成和谐、高效的生态系统	1. 剑桥大学出版社 2. 约翰·霍普金斯大学出版社	剑桥大学出版社等为其他出版社提供数字化服务，不同出版社之间形成新型合作关系

① 李丹阳. 英美大学出版社的数字化转型及其启示[D]. 长沙：湖南大学，2019.

二、英美大学出版社数字化转型的路径

（一）构建新型内容生发机制

英美大学出版社的内容发生机制，在作者、用户、大学出版社主体之间实现了创新，具体表现为以下三点。

1. 作者为关键主体

出版以内容为王，作者为内容生产的关键主体。英美大学出版社的作者为诺贝尔奖得主在内的资深学者，在转型过程中更加注重与作者在出版选题、出版方式、出版周期、内容形式等方面的沟通与互动，满足了作者多样化的创作需求。

2. 基于用户需求

出版社的用户黏性对其生存与发展至关重要。出版社通过了解用户的需求与体验，优化出版内容与结构，实现经济效益与社会效益的双赢。比如，牛津大学出版社（图 5-1）为用户提供人性化的产品试用服务，为付费用户提供使用报告（Usage Reports）、账户管理工具和文献；剑桥大学出版社在纸质词典出版的基础上，开发在线词典产品，鼓励用户参与到扩充词汇定义及例句工作中来①（图 5-2）。

3. 构建学术出版共同体

大学出版社之间“竞争竞合”——“强强联合”“强弱联合”，有利于学术资源的共享与优势互补。通过构建大学出版共同体，将分散于英美各个大学的特色优质资源予以重新加工、整合，有利于数

① Cambridge University Press. Annual Report (for the year ended 30 April 2017)[M]. Cambridge: Cambridge University Press, 2018: 50-55.

字出版平台集聚效应的发挥。比如,牛津大学出版社联合耶鲁大学出版社、曼彻斯特大学出版社等,整合优质的学术专著资源,构建了“大学出版社学术在线”数字出版平台。

图 5-1　牛津大学出版社

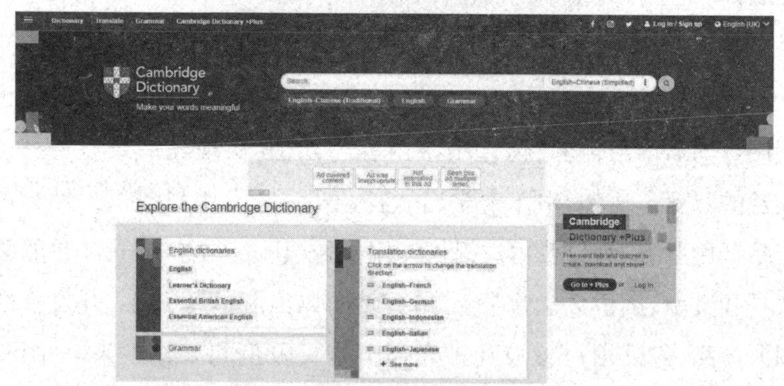

图 5-2　剑桥大学出版社的线上词典产品界面

(二) 技术升级为转型提供支持

元数据、语义技术、知识联结方法等新技术的应用,优化了出版流程,使内容生产与审核更为专业化与自动化,使数字内容呈现方式更为多元化,产品形态更加多样化,用户体验也得到了大幅提升。可视化出版、增强出版、交互出版等多种出版形态丰富了内容的呈现形式,实现了影、音、动画等多种呈现形式、App 与交互平台多载体的传播方式。比如，剑桥大学推出了莎士比亚研究在线(Shakespeare Survey Online)和“搜索莎士比亚”App。其中，后者为用户呈现了莎士比亚名剧的全部剧本，并配有专业朗读、术语解释、人物关系图解等。Race to Learn 为光盘形式出版物，可被教师用于 9~11 岁儿童的课堂教学互动。学生们通过游戏竞争与合作，学有所获。

(三) 拓展营销渠道

数字出版时代，5G 网络的广泛适用为图书广开销售渠道提供了技术支持。英美大学出版社的销售渠道呈现多元化，平台共享共生发展的趋势逐渐形成。亚马逊、谷歌、苹果等数字内容运营商将数字出版纳入了企业版图，Instagram、Facebook、YouTube 等社交平台也成为用户生产与传播知识的重要平台，一些大学出版社还积极开发专业化 App、网站与小程序等以展示产品。英美大学出版社除自建营销渠道外，还将渠道从经销商、线下实体书店与合作网点拓展到不同平台，如图 5-3 所示①。

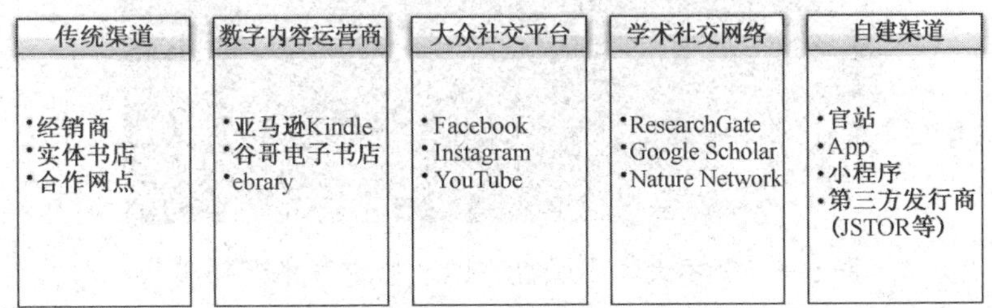

图 5-3 英美大学出版社渠道体系

(四) 产品数量多，形式多元化

英美大学出版社数字化出版的规模较大，对资源的数字化开发

① 李丹阳. 英美大学出版社的数字化转型及其启示[D]. 长沙：湖南大学，2019.

具有整体性。大部分有价值的图书实现了数字化,新出版的图书也都具有纸质与电子两种版本。以牛津大学出版社为例,该出版社拥有近百种数字产品,数量高达6 000种/年,其中3 800种学术图书、300种学术期刊;产品类型覆盖了学术图书、学术期刊、词典等工具书、教材教辅、儿童读物、英语教学等,并建有学术图书数据库与学术期刊数据库等高达56种。剑桥大学出版社运营的学术期刊已高达380余种,已发表学术论文达170万(图5-4)。

图5-4 剑桥大学出版社官网的自有学术期刊展示

三、英美大学出版社数字化转型的经验与启示

英美大学出版社数字化转型较早,当前已经形成了丰富的数字出版资源、种类多样的数字出版产品、优质的数字出版服务、创新性的销售渠道构成的、紧跟技术发展潮流的、更完备的大学出版体系。我国大学出版社在转企改制后,还存在资金、人才、观念等方面的不

足，借鉴英美大学出版社的先进经验有助于我国大学出版传承使命，实现学术与经济效益双赢。

（一）创新出版理念，挖掘丰富优质的内容资源

1. 与时俱进与打造精品

美国大学出版社主要以非营利性为定位，以完成学术出版研究、扩大学术影响力为出版理念，特别是在很难得到政府与公司资助的人文社科领域，大学出版社这一学术成果传播的重要渠道就显得尤为重要。英国大学出版社肩负着学术出版的使命，在与商业出版社竞争的同时，也需要政府和大学的资助。

我国的大学出版社在成立之初，以服务母体大学的教学与科研为使命，选题以学术为主，转企改制后应主动调整经营策略与运营机制，出版理念也应随之转变。出版理念对大学出版社起到高屋建瓴的引导作用，是出版人的精神支柱与工作向导。树立正确的出版理念是出版业持续发展的思想保障①。大学出版的出版理念应为大学精神与出版精神的融合。信息时代，数字出版所彰显的与时俱进观念必将成为大学出版理念的一部分。出版物是大学出版社出版理念的主要载体，因此，我国大学出版社要借鉴英美大学出版社的出版理念，利用自身优质的学术资源，打造高品质精品图书、特色图书。比如，一提到工具书，人们就会想到牛津大学出版社出版的词典。

2. 深挖优质出版资源

牛津大学出版社与剑桥大学出版社是世界上历史最悠久且规模最大的出版社，优质的出版资源为其持久发展并形成品牌效应的根本原因。一方面，自身的历史积淀且形成了新型内容的生发机

---

① 肖林霞. 重铸出版理念[J]. 社科纵横，2005(5):69-70.

制;另一方面,母机构——牛津大学与剑桥大学具有极高的学术水平,为其源源不断地输送出版资源。

我国大部分大学出版社规模较小,对资源的数字化开发不够。数字出版内容多停留在制作电子图书的表层阶段,官方网站的内容设置也多以新闻与新书的文字与图片介绍为主。要实现数字化转型,除了主导理念的变化,还应对自身的出版资源进行深度挖掘。(1)"肥水不流外人田",避免母机构的学术成果流入其他出版社;(2)能够深挖学术领域与学术共同体的学者构成,及时发现最新的、优秀的学术成果,把握学术动态;(3)对国家新出台的法规政策等予以及时的关注,保持对党和国家新发生的"重大事件""重大活动""重大题材""重大伦理问题"的敏感度,以结合自身的资源优势策划主题出版的选题与出版活动;(4)可选择多家出版社结成数字出版联盟的形式,整合各自资源,打造数字出版平台,为读者提供统一的检索入口,便于读者获取资源。

(二)加强"情境优先"思维,树立"服务用户"意识

哈珀·柯林斯集团英国首席执行官维多利亚·巴斯雷(Victoria Barnsley)指出,数字化将终结出版社的剩余库存与退货问题,也不再会有绝版书①。在传统出版业由"出版社—零售商—顾客"的直线销售模式向环式模式转变的情况下,大学出版社应将工作重心向"情境优先"与"服务用户"方向转移。

1. 情境优先

所谓"情境优先"思维,是指出版社顺应数字出版时代的新思维

---

① 谭岩立.转型背景下中国大学出版社学术出版的困境和出路研究[D].长沙:湖南大学,2010.

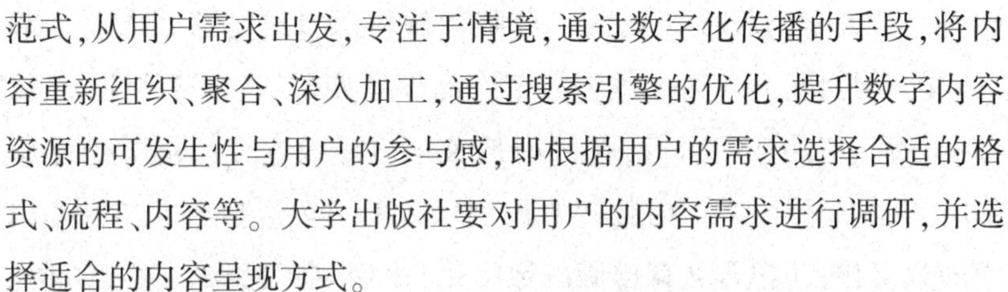

范式，从用户需求出发，专注于情境，通过数字化传播的手段，将内容重新组织、聚合、深入加工，通过搜索引擎的优化，提升数字内容资源的可发生性与用户的参与感，即根据用户的需求选择合适的格式、流程、内容等。大学出版社要对用户的内容需求进行调研，并选择适合的内容呈现方式。

2. 服务用户

所谓“服务用户”意识，是指出版社要秉承“用户至上”的服务理念，注重用户的体验，满足其自我实现与分享的社交需求。大学出版社所出版的不仅仅是知识与信息产品，也要满足不同读者群体的个性化需求。比如，牛津大学出版社提供了产品试用服务、用户增值服务（目录下载与书目下载等）、出版信息服务（实现编读互动、为用户推送某一学科的会议信息与出版物信息等）、免费服务（线上词典等）。

（三）对人才需求精准定位，培养数字出版人才梯队

大学出版要打造精品学术图书，高素质的人才队伍必不可少。专业化的编辑人才影响着大学出版社学术资源的多少、项目申请的数量，以及整个出版社品牌与形象的塑造。结合英美大学出版社数字化转型的发展历程与我国大学出版社的发展现状，应从以下几点对出版人才进行定位与培养。

1. 人才的定位

大学出版社运行的整个流程，都需要掌握高端技术的人才。出版社的人才储备并非一朝一夕，只有人才引进与复合型人才培养相结合，才能保证当前大学出版能够在数字出版时代顺利转型。若大学出版社对数字出版仅作狭义的理解，即数字出版为纸质图书的电子化，那么难度较小。出版社将人才定位为数字编辑或新媒体编辑

即可。若大学出版社涉及数字出版领域较深、较广，那么随着产品形式的多元化，人才的定位为数字产品设计专员、技术开发专员、软件工程师、产品推广员等，在部门设置中也应设立专门的数字出版部门。比如，牛津大学出版社的数字化转型不仅包括学术与专业出版的数字化，还包含教育出版的数字化，比如，在线资源中心（Online Resource Centers）为师生提供了免费的即时教育平台，教师可以寻找配合课本的教学资源，学生也可以借此平台进行学习。这与牛津大学出版社整合出版资源，引进有培生集团、美国在线公司等数字出版领域经验员工的做法密不可分。

2. 人才的培养

大学出版社的人才培养有三种形式：内部培养、外部引进与“产学研”联合培养。

1）内部培养

数字出版人才的内部培养，是指从出版社中挑选学习能力强且专业背景相近的人员，进行数字出版相关的专门培训。这种以过渡的方式实现大学出版数字人才储备的方式，对于规模与资金都有限的大学出版社而言具有现实意义。一方面，避免了从高新技术公司聘请专员的高薪酬压力；另一方面，本社员工相对于新入职员工，对工作环境、内容与出版社的定位都更为熟悉，进而需要较长的适应过程。

2）外部引进

数字出版人才的外部引进，一般有从IT公司或其他大型出版集团引进和面向社会公开招聘两种途径。

第一种为从IT公司等引进数字出版专业人才。该岗位的主要职责为程序设计与数据挖掘，但员工往往对薪酬待遇要求较高，对于一般大学出版社的规模而言经济压力较大,可行性欠佳。

第二种为公开招聘数字出版专业员工。在招聘时,出版社可以对所需职业、工作经验等要求分项列出,以达到人岗一致,减少大学出版社人才引进的压力,但需要新员工尽快地熟悉岗位职责。

公开招聘中,大学出版社对编辑出版学专业人才的选用,有益于出版社自身乃至整个行业持续、健康、高质量的发展。学历教育培养两类人才:技能型人才与研究型人才。高校普遍已将数字出版相关素养技能纳入人才培养目标与教学体系之中。1953 年,上海印刷学院——我国第一个为出版发行系统培训专门人才的专科学校成立。1978 年,北京印刷学院——我国第一个编辑出版的正规本科教育开始。1986 年,河南大学开始依托汉语言文学专业招收编辑出版的硕士研究生。随后,北京师范大学等一批高校开始招收出版传播、发行学等专业的博士生。当前,我国的编辑出版人才培养已经形成多层次、多方向的教育体系与人才培养体系(表 5-2)。

表 5-2　我国编辑出版学历人才培养教育体系发展历程

培养学历人才类别	高校数量(所)	高校名称
高职	723	江西新闻出版职业技术学院、安徽新闻出版学校等
本科	96	北京印刷学院、武汉大学等
硕士	45	北京大学、北京师范大学、武汉大学等
博士	10 所以上	北京大学、北京师范大学、武汉大学等

编辑出版专业学历教育中"产学研"联合培养也在数字出版人才培养中起着重要的作用。数字出版人才的"产学研"联合培养是指出版企业与高校联合培养数字出版人才。2008 年,北京印刷学院

首次针对新闻出版行业业态转型,设置了数字出版专业。当前,我国已经有百余家院校开设了本科或研究生与数字出版相关的专业。但当前还存在人才培养与人才需求“两张皮”现象,即现行的偏文科编辑出版专业人才培养体系与实际行业的实践融合问题。据此,一方面,国家行业管理机构先后在上海理工大学、南京大学、北京师范大学等高校设立高级人才培养基地;另一方面,企业也加大与高校联合申请融合实验室、产学研基地与人才培养平台的步伐,以推动编辑出版专业与实践应用的深度结合。

第二节　数字出版时代大学出版“走出去”

我国已经成为学术出版大国,但在世界学术研究领域中的话语权与影响力还有待提升。大学出版要“走出去”,获得世界范围内的学术影响力,需基于大学出版的构成要素(图 5-5)从下几点着手。

一、我国高校学术期刊“走出去”的路径创新

就学术期刊领域,一些高水平的学术论文被投向国外学术期刊,其他的成果投给中国科学院、学会等主办的学术期刊,导致高校学术期刊的整体自然稿源质量受到影响 。高校学术期刊要配合国内学术期刊生态布局;对自身的性质重新定位,避免“内向性”与“综合性”的负面影响;开展结盟与合作,实现数字化、专业化与集群化发展。

(一) 全面规划,配合国内学术期刊生态布局

1. 积极创办英文学术期刊

正如中国科学院中国现代化研究中心何传启所言:“科学无国界,技术有专利。科学家有祖国,国际间有竞争。”积极地创办国内

英文学术期刊有助于把握国际学术领域的话语权与首发权，营造良好的学术环境，打破唯SCI的评刊标准，落实习近平总书记"广大科技工作者要把论文写在祖国的大地上，把科技成果应用在实现现代化的伟大事业中"的要求。

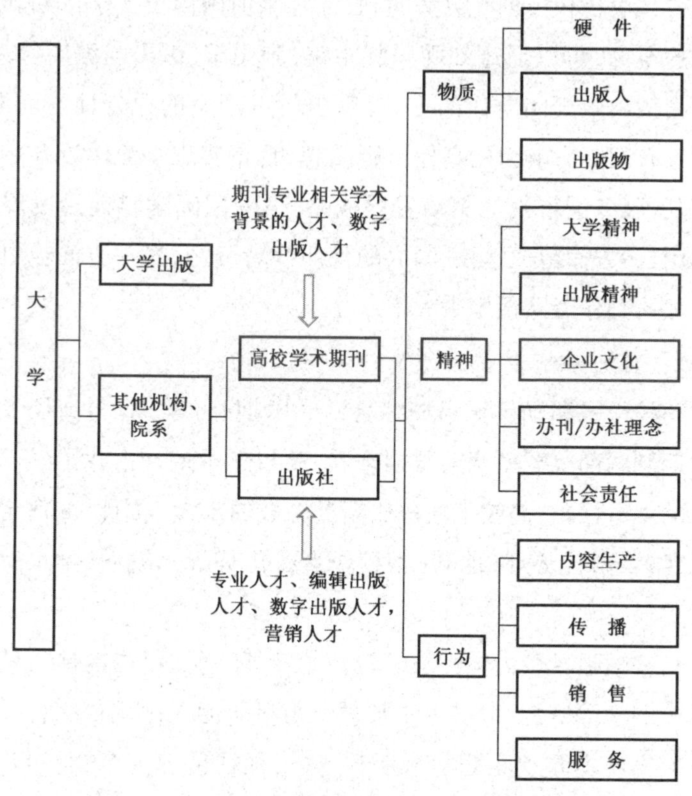

图5-5　中国大学出版系统的一般层级结构

我国现有学术期刊6 000余种，但其中的英文学术期刊仅为200余种，高校主办的学术期刊占总数的不到一半 。这与我国发表国际论文的数量与实际需求差距较大。数据显示，我国90%以上的高水平学术论文都投至了国际学术期刊。截至2014年9月，我国科技人员共发表国际论文 136.98 万篇，位居世界第二位。2009—2019 年中国国际高被引论文数为 30 755 篇，也位居世界第二位。因此，高校学术期刊要提升对广大作者群与读者群的黏性，加大学校与学校、学校内部各学院或学科间协同创新的步伐，针对新兴的前沿学科和交叉学科积极创办英文期刊，弥补当前国内英文学术期刊发文方向的空白，可以通过外聘国际主编、副主编、编委与编辑等，或与国际大型出版集团合作的方式，突出学术论文的原创性与前沿性，打造具有国际影响力的高校出版品牌，真正实现一流学校办一流学术期刊，服务国家创新驱动发展战略，引领国际学科前沿发展方向的作用，一方面留住本校、国内的优质学者资源，另一方面吸引国外学者加入到作者队伍中来。

2. 对高校学报重新定位

高校学术期刊包括高校综合性学术期刊（学报）与高校专业性学术期刊两部分。就当前数据来看，高校学术期刊占我国学术期刊总数的半壁江山，高校学报占比超过总数的 1/3。据此，如何定位具有天时（学科优势等）地利（本校作者群优势等）的高校学报就显得尤为重要。

高校学报具备内向性与综合性的特征。所谓“内向性”，就是立足本校的学术资源，以服务本校教学与科研为主；所谓“综合性”，就是发文方向不像专业性学术期刊单一，往往覆盖多个学科与方向。高校学报由于发文方向较“杂”，往往难以很好地聚焦于某一学科或方向，导致读者群分散，难以形成专业性的品牌，当前无论是“双一流”高校还是普通院校，都存在着本校优质学术成果流失的现象。因此，应凭借本校学科与办刊资源的优势，对本校学报进行突出重点的专业化与特色化的改版，鼓励对以高校冠名的学报进行“更名转型”，向高校专业化学术期转轨，以弥补校名为标识的冠名带来的期刊过于内向性与综合性的弊端。对于在国内已经具备知名度或者“更名转型”面临实际困难的学报，可通过数字出版路径的创新，进一步提升刊文在业内的影响力与期刊内容的显示度。

（二）顺应数字化发展趋势，开展联盟与合作

鉴于科研人员希望自己的学术成果被广泛地阅读、引用与传播，高校学术期刊可以通过单篇出版的方式缩短文章的发表周期，也应加快媒体融合的步伐，加强数字化传播的能力。相对于传统纸媒，纯网络出版具有时效性与交互性强的特征，便于检索、传播与互动，并不受容量与地域的限制，便于高校学术期刊“走出去”，进一步走向国际学术研究出版的核心领域。

我国学术期刊存在“弱、小、散”的特征，办刊主体非常分散，难以在与国际著名的出版集团主办的集群化学术期刊的竞争中占据优势。同时，高校学术期刊也未将品牌与形象的树立作为工作重点。因此，高校学术期刊应顺应数字化发展的趋势，整合学术资源，聚合成具备更广泛影响力的大型出版集团。当前，国内业界已经开始了跨学科、跨地区的学术期刊集约化与规模化尝试。比如，组织了首个学科期刊联盟，共享学术资源，但由于主管、主办单位较为分散，网络平台组织松散，在实际运行过程中存在一系列问题。“中国高校系列专业刊”打破了地域的限制，实现了数字化、专业化与集群化发展，但难以覆盖整个高校期刊群体。

二、我国大学出版社“走出去”的路径创新

（一）大学出版社数字化转型的现状

随着我国建立和完善社会主义市场经济步伐的加快，高等教育

事业快速发展，教育图书市场扩大，大学出版社随着社会的进步，抓住了机遇，赢得了快速健康发展。数据显示，以我国大学出版社的规模分类，其中小型企业占比最多，中型企业次之①，可以看出我国大学出版社的整体发展水平还不是很突出，重视中小型大学出版社将有助于我国大学出版行业总体水平的提升。

1. 品牌建设初见成效

品牌从广义上讲，代表着企业与消费者之间的契约形式，是联系产品与消费者的有鲜明特色的长期承诺，代表着企业与消费者的一种契约、信任、消费者所期望的价值，可以帮助企业存储形象、帮助企业维权、作为无形资产为企业增值并塑造企业形象。随着我国出版业的发展与图书市场竞争的加剧，品牌作用在图书出版领域中的作用凸显。美国著名出版家小赫伯特·史密斯·贝利在《图书出版的艺术和科学》中指出："出版社并不因它经营管理的才能出名，而是因它所出版的书出名。"②品牌图书是能够鲜明、系统、集中体现出版社品牌特色的图书，是出版社的标志与象征。大学的品牌效应是大学出版社的无形资产，而大学出版社在知识经济迅猛发展的今天彰显着大学的科研水平与整体实力。因此，大学出版社要对自身的优势准确定位，深度开发名牌产品并开拓外部畅通渠道。

当前，大学出版社的一些数字出版品牌已经形成，比如，以"大教育"为出版宗旨的华东师范大学出版社构建了数字教育、数字阅

---

① 肖启明. 大学出版精神与大学出版社的发展——中国大学出版发展文化研究[M]. 桂林：广西师范大学出版社，2008.

② 小赫伯特·史密斯·贝利. 图书出版的艺术和科学[M]. 王益，译. 石家庄：河北教育出版社，2004.

读、数字支撑三大数字产品结构框架(图 5-6①),围绕《一课一练》打造全媒体教育产品,推出“阅读树”“智慧树”等数字产品。中国首家地方大学出版社——广西师范大学出版社构建了“理想国”与“新民说”文化互动平台。

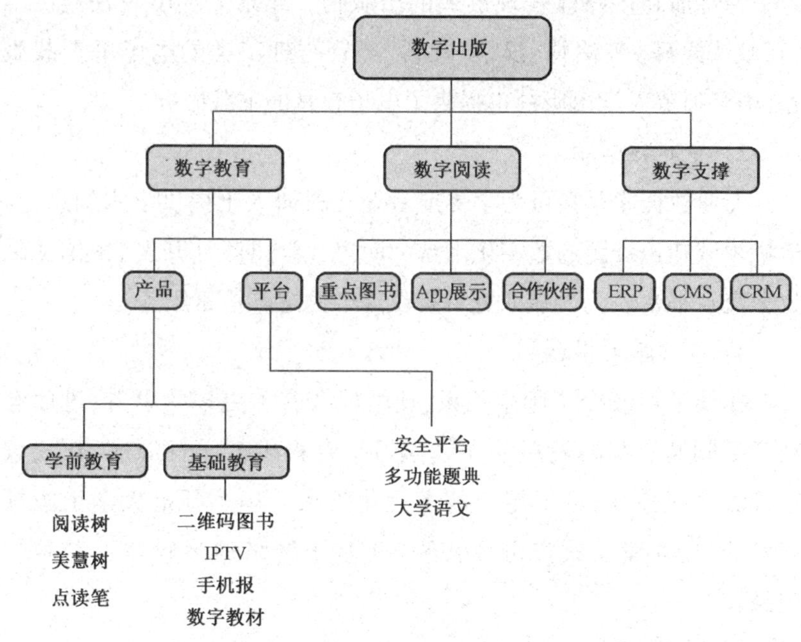

图 5-6 华东师范大学出版社数字出版产品结构图

2. 以项目建设为依托,数字出版模式多样化

我国大学出版社在转型的过程中进行了一系列探索与实践,通过立项的形式积累了技术与人才,比如湖南大学出版社的“中国工程教育在线”项目、南京师范大学出版社的“基于移动终端设备的素

① 华东师范大学出版社. 数字出版[EB/OL]. [2020-06-10]. http://www.ecnupress.com.cn/DigitalPublish.aspx? cateid=89.

质教育数字出版项目”。我国当前大学出版的模式主要有电子书、专业数据库、在线学习平台等多种类型。

1）电子书

电子书是指传统图书的数字化，按照原版式制作图书或者生产跨平台传播和多媒体表现形式的出版物。北京大学出版社提供了《行政法原理》等法律、汉语、社科、经管与理工类的电子书下载服务，华东师范大学出版社也提供了电子教材的下载服务。

2）专业数据库

专业数据库是指可为学界或者业界科研人士提供学术信息，与学科领域知识资源的数字化平台。南京大学出版社开发《民国文献数据交互平台》，为领域研究者提供综合性文献检索服务。

3）在线学习平台

在线学习改变了师生关系，让学习者有了更多的思考，进而有利于批判性思维的发展。在线学习平台提供教学资源库、在线教室等教育服务，满足了用户的多元化需求。华东师范大学出版社开发的“中小学公共安全教育网”是基于网络的多媒体互动教学产品。

4）手机出版

随着智能手机的普及，手机出版因为用户量庞大，成为新兴的阅读形态与大学出版社积极开拓的领域。当前，手机出版主要围绕着平台阅读应用与微信公众号等展开。手机阅读集点对点、点对多、多对多的传播形态于一身，具备封闭性与开放性。北京大学出版社与清华大学出版社都设有自己的 App。

（二）阻碍大学出版“走出去”的因素

当前，我国大学出版处在数字化转型的重要时期，学术原创成果有限,往往是大选题,缺乏学者独立的思考,少有"十年磨一剑"的精品力作;作者与出版社对学术出版的规范意识还不够强;要实现学术作品与文化作品走出去,好的翻译水平是关键与桥梁,当前大学出版行业尚缺此类人才;国际化的营销队伍必不可少。除以上问题外,大学出版还要克服外界与自身的束缚,解决外部与内部机制的问题,以完成提升我国在世界研究领域话语权与影响力的使命。

1. 外部环境

大学出版社有相对固定的受众,数字出版改变了读者与出版社之间的传统体制性关系。传统出版体系中,出版社具有审核与把关的作用,对作品能否出版具有选择优势,读者与作者处在弱势地位。数字出版的开放性使作品有了更多出版的途径与选择的机会。同时,来自母体大学的经济资助越来越少;外部社会出版企业纷纷联合组建出版集团,迅速占有相对固化与封闭的市场,使得共享的信息资源与出版资源被打破。

2. 内部机制

我国大学出版社的组织框架一般如图 5-7 所示,由编辑部、出版部、读者服务部等构成。大学出版系统的内部划分,依各学校的具体情况而不同,但基本构成如图 5-5 所示①。随着数字出版时代的到来,数字出版相关部门的设置也将成为必然。大学出版社的新型管理体制与人才管理机制尚处于摸索之中,一方面需要借鉴英美大学出版社数字化转型的经验,另一方面应结合内部建立现代化的采编系统。就内部运行机制来看,大学出版社在人力资源、运行管理

① 如本研究在第二章对研究范围界定中所提出的,此处高校学术期刊可为大学出版社的下设机构,也可为其他学部、院系机构的下设机构。

与设备支持上还存在一些问题。数字出版时代,大学出版要“走出去”一定将对“人才”的重视放在首位。没有人才,学术出版工作就如同“无米之炊”。

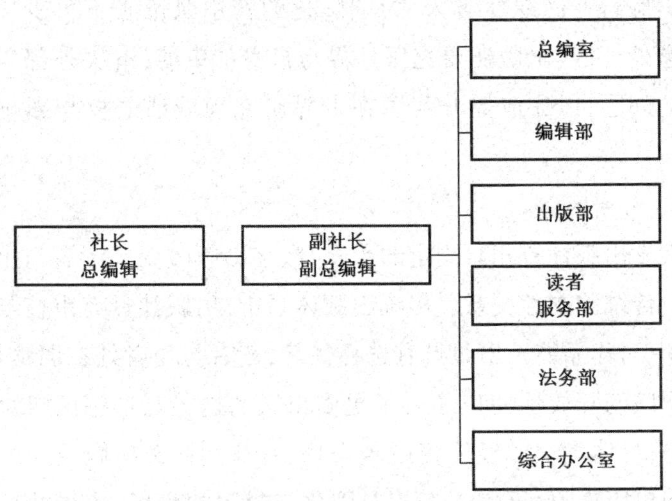

图 5-7　我国大学出版社的组织框架

人才为创新的根基与核心要素。只有培养人才、发现人才、凝聚人才、留住人才、使用人才,才能使大学出版行业保持竞争力与活力。互联网技术的发展,使“媒介融合”成为新闻出版的显著趋势。传统出版要实现数字化转型,以适应行业发展与人们阅读的需求,专业化的人才队伍必不可少。然而当前“大出版”的人才培养体系还不够完善。根据《世界版权公约》,出版是“把可供阅读或通过试听可以感知的作品,以有形的形式加以复制,并把复制品向公众传播的行为”。“大出版”的基本要素是作品内容选编、加工与复制,是否需要纸张并不是关键。数字出版时代“大出版”人才可分为两种——实践型与研究型。

以北京大学为代表的设有编辑出版专业的高校,进行了人才培养体系改革，为出版行业数字化转型提供人才支持。比如，基于传播学课体系设置编辑出版专业课程，可以选修广告学、品牌学和高级统计等课程，使学生从“大出版”视角理解人才；开展基于内容与项目的教学方法，比如根据学生特长，形成“1+1+1”教学模式，即本校师资+业界人士+学生。在博士生培养上，与海外大学或研究机构建立正式或非正式的合作关系，鼓励博士研究生去海外学习与进修，合作方有牛津布鲁克斯大学的国际出版研究中心等①。

据此，结合上一节的分析与我国现阶段大学出版的构成，本研究认为大学出版社所需的人才类型为：学科专业人才、编辑出版专业人才、数字出版人才，销售人才等。人员的来源类型可分为两种——内部培养与外部引进。大学出版由于隶属母体大学，以学术出版为主，涉及专著等书籍的选题与出版，因此对编辑学不仅要求熟练书籍文字的校对，也要求具备专业的学术背景。

（三）大学出版社“走出去”的路径创新

大学出版社“走出去”，主要以国外高校、图书馆、学术网络平台为目标，因此需要借助国外主流出版机构的营销渠道——图书馆联盟或者高校相关学科、学会等“走出去”，因地制宜地完善内部管理制度与经营战略，打造原创学术精品，对内容深耕细作，也要使图书契合海外文化市场，同时不断地深化企业内部的组织结构改革。

1. 打造原创学术精品

内容是出版的核心竞争力，因此大学出版社要提升作品的国

① 肖东发，李武．基于“大出版”视角培养出版人才——北京大学编辑出版专业研究生教育的案例分析[J]．中国出版，2009(16)：3-7.

际传播力与影响力，就需要对出版的选题、作者的修养和能力进行深度挖掘。大学出版以学术出版为主，但出版范围很广，几乎涵括所有学科，这就需要大学出版社的选题能够聚焦且有所取舍。

1）中国传统文化成果

学术出版“走出去”是中国文化“走出去”战略的重要组成部分，是加强国家话语体系建设与提升学术国际影响力的重要路径。大学出版社通过原创的传统文化选题，打造精品图书，实现图书的贸易出口、版权输出与资本输出，进而打造强势的传统文化品牌，提升中国知识分子与艺术家的国际影响力。比如，广西师范大学出版社的《平美如棠》已向英美等国家输出了 6 个语种的版权，并获得“中国最美的书”奖项。南京大学出版社的《中国思想家评传丛书》也已推出日文与英文版。这些选题图书的出版使世界更深入地理解东方、理解中国。

2）顶尖的学术研究成果

大学出版要集中反映母体高校优势学科的科研成果。从国外大学出版社的发展历程来看，品牌图书与校内一流的科研学术成果密不可分。我国大学出版社应将中国顶尖学者的优秀学术作品推向世界，用鲜明的主题呼应主题出版的意义，也以此向国际社会传递了中国的价值观与中国声音。当前，国家对于一流学科建设的投入是全方位的，大学出版应以此为契机，将“双一流”建设与学术出版“走出去”二者紧密结合，将顶尖的学术成果最大限度地转化为出版内容资源 。

2. 版权输出，建立海外分支结构

大学出版社一方面应聚焦社会现状与热点前沿问题，另一方面也应拓宽选题的广度与深度，遴选出优质的出版物并将其推向世界。版权输出是提升我国大学出版社国际影响力的必由之路，海外分支机构实则为我国大学出版社与海外出版界增加互动、增强交流的“桥梁”“桥头堡”与“前沿阵地”，为学术出版“走出去”提供强有力的支撑。应积极创新与海外出版方良性合作、谋求共同发展的路径，构建集学术交流、文化交流与出版合作为一体的新型国际合作平台。

人民大学出版社已经形成了一条国际化主体图书产品线，至今向海外市场输出了近 3 000 种图书的版权，让世界了解中国学术领域的研究动态与优质成果。人民大学出版社还在一直拓展海外市场，通过多种方式在海外市场建立了分支机构，比如，在以色列设立分社，这也是中国出版机构在以色列设立的第一家出版社，负责策划出版适合以色列读者阅读的中国内容图书，使中国学术出版真正“走出去”，能够被当地读者接受与认可，融入当地的元素与文化。

3. 培养并招聘高端的翻译与出版人才

人才是工作目标的执行者，也是企业的核心竞争力之一。“走出去”属长效工作，需要大学出版社对高水平翻译人才的选拔与出版专业人才梯队的构建予以充分的重视。在翻译学术成果时，应挑选精通外语、具备研究相关学科背景、通晓国际学术规范的高端翻译人才，使翻译的作品能够具备可读性，海外的读者更乐于接受，以提升学术成果传播的效果。除此之外，大学出版社还应组建精通国际出版规则、了解国际出版市场的专业人才队伍。人民大学出版社通过定期邀请相关领域专家讲学的方式，持续推进员工培训计划，以全面提升编辑人员的专业素质与技能水平，为大学出版社的“走出去”作出积极贡献。

4. 加快数字化建设的步伐

“互联网+”时代,数字化阅读已经成为席卷全球的新型阅读方式。大学出版要“走出去”,必将顺应海外用户的数字阅读需求,不断丰富产品模式,拓展电子书、音频、视频与在线教学等产品类型,深化与国外数字出版平台的合作方式,注重数字版权的海外输出,加强社交媒体营销,借助新媒体技术对传统出版带来的升级发展机遇,突出亮点与特色,不断创新版权输出的形式,以实现题材中国化、市场国际化的运营模式。上海交通大学出版社与印度 NCBA 出版集团联合成立的“中国-南亚科技出版中心”入选了“丝路书香出版工程”成为上海出版“走出去”的新平台。

第三节　大学出版社的新媒体运营研究
——以抖音短视频 App 为例

5G 时代,一方面以服务大学教学与科研为主的大学出版社面临新的机遇与挑战,另一方面以抖音为代表的短视频市场异军突起实现爆红式发展,一些政府机关、高校与企事业单位纷纷入驻抖音短视频平台。通过分析大学出版社社交短视频运营现状,探讨抖音短视频成为继“两微一端”后集宣传、销售、服务于一体的综合平台、实现内容供给多样化的创新性路径,从而使大学出版社与短视频平台实质融合,更好地发挥价值引导与知识服务功能。

一、社交短视频运营现状

第 45 次《中国互联网络发展状况统计报告》显示,截至 2020 年

3月我国网民规模达9.04亿,互联网普及率达64.5%;其中,手机网民规模达到8.97亿,手机上网比例达99.3%;手机短视频用户规模为7.37亿,占网民整体85.6%。5G凭借高速度、低功耗、低延时的优势开启了“万物皆媒、万物互联”的“物联网”时代,社交短视频成为又一个风口。

社交短视频是面向社交媒体的短视频应用,允许用户使用智能终端拍摄时长极短(一般20秒以内)的视频,并支持快速的编辑美化,能够在多种社交平台实现即时分享与传播。最早的社交短视频是美国2010年Viddy公司创办的移动社交应用产品,并与Facebook、Twitter实现实时对接。我国的社交短视频始于2013年新浪的“秒拍”与腾讯“微视”,后来抖音、快手、西瓜视频、火山小视频等纷纷进入市场。社交短视频具有创作门槛低、品牌塑造力强、传播速度快、社交属性强,能够利用用户碎片时间的优点。当前,苹果App Store下载排行榜中抖音已经成为下载量最大的社交短视频App。《2019抖音大数据报告》显示,2020年1月5日抖音日活跃用户超过4亿,是中国最大的知识、艺术和非遗传传播平台。随着大量用户向短视频平台迁移,政府、高校、企业也纷纷入住短视频平台尝试“短、平、快”的传播新路径。

二、大学出版社抖音短视频运营情况

大学出版体现母体大学精神,以学术生产与学术创新为主,以服务教学科研为主要任务,是展示本校教学科研成果的窗口,也是学校科研的重要组成部分;以社会效益为重,使大学研究保持“为知识而知识”的学术性;是传播社会文化与精神文明的载体,也成为高校资产中最有价值的部分。大学出版包括大学出版社与学术期刊两部分，相对于出版集团存在受众群体小、市场销量小、经济效益与社会效益很难兼顾的问题。本研究对当前我国大学出版社抖音短视频的运营现状进行调研与分析。

（一）调查样本选取与数据收集

本研究以大学出版社为研究对象，在抖音短视频 App 上以“大学出版社”且加蓝 V 的官方认证为条件搜索，数据获取时间截至 2020 年 5 月 28 日，共查询到 21 个账号（表 5-3）。其中，@北京大学出版社、@清华大学出版社、@复旦大学出版社的粉丝数量居前三名，并对开通日期、粉丝数量、作品数量进行统计。为了数据的准确性，本研究访问清博大数据平台（http://gsdata.cn）对相关数据进行校准。

表 5-3　大学出版社抖音短视频开通情况

序号	抖音账号	主页是否有商品展示	首发日期	粉丝数量	短视频动态
1	@北京大学出版社	是	2019 年 3 月 27 日	16.6 万	10
2	@清华大学出版社	是	2019 年 3 月 24 日	12.7 万	16
3	@复旦大学出版社	否	2019 年 8 月 1 日	5620	32 张文宏谈疫情
4	@辽宁师范大学出版社	是	2020 年 4 月 21 日	2350	9
5	@河南大学出版社	否	2018 年 3 月 21 日	2265	49

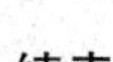

续表

序号	抖音账号	主页是否有商品展示	首发日期	粉丝数量	短视频动态
6	@东北师范大学出版社	否	2020年3月5日	1587	40
7	@浙江大学出版社	否	2020年8月15日	1175	15
8	@北京体育大学出版社	否	2019年10月31日	1033	34
9	@西安交通大学出版社考研数学图书	否	2019年12月24日	864	28
10	@上海大学出版社	否	2020年3月19日	721	23
11	@北京航空航天大学出版社	否	2020年4月9日	619	7
12	@北京师范大学出版社	否	2019年10月31日	546	35
13	@广西师范大学出版社	否	2020年2月19日	381	28
14	@复旦大学出版社国学号	否	2020年3月10日	230	37 南怀瑾先生
15	@同济大学出版社	否	2020年4月15日	88	10
16	@南开大学出版社有限公司	否	2020年1月7日	63	3

续表

序号	抖音账号	主页是否有商品展示	首发日期	粉丝数量	短视频动态
17	@中国海洋大学出版社	否	2019年12月11日	46	12
18	@延边大学出版社	否	无	28	0
19	@北京大学医学出版社	否	无	21	0
20	@广西师范大学出版社(上海)有限公司	否	2020年4月3日	16	3
21	@东华大学出版社	否	无	4	0

*注:(1)数据统计时间截至2020年5月28日;

(2)以获抖音加蓝V的官方认证为准;

(3)数量单位为个。

(二)调查结果与分析

1. 账号开通率较低,发布作品较少

我国现有大学出版社112家,经过抖音短视频官方认证的大学出版社账号21个,开通率占大学出版社总数的18.4%;平均发布视频19个,以@河南大学出版社发布视频数最高,为49个,3家大学出版社发布视频数量为0。这与平台大V和非大学出版社差距较大。学术资源与学术声誉占优的@清华大学与@北京大学粉丝数量超过10万人,其他已开通抖音号的大学出版社多则5 000余人,少则4人。还有一些抖音账号以大学出版社命名,但未经官方加蓝V对账号主体真实性认证,故不计入统计范围。相对于整个抖音短

视频平台上点赞量、评论量、转发量上万或几十万，大学出版社账号获赞鲜有破百。其中，@北京大学出版社获赞最高的作品为中国诗词大会选手推荐的本社图书《少人诗词经典》，获赞28个；@清华大学出版社获赞最高的作品为科普宋朝历史，获赞44个。与@人民日报出版社多个视频获赞200~400不等，@人民文学出版社最高点赞量达到11.7万差距较大（表5-4）。由此可见，相对于政务、媒体和自媒体以及其他出版社，大学出版社的短视频传播路径在影响力与认可度上有待提升。

表5-4　出版社抖音短视频粉丝量排行榜前三位统计

序号	抖音账号	主页是否有商品展示	日期	粉丝数量	短视频动态
1	@人民日报出版社	无	2018年6月16日	80.2万	44
2	@人民文学出版社	有	2018年5月31日	46.2万	275
3	@北京大学出版社	是	2019年3月27日	16.6万	10

*注：（1）数据统计时间截至2020年5月28日。

（2）数量单位为“个”。

2. 内容创新度不够，未充分体现母体大学的学术资源优势

大学出版社抖音账号发布内容主要以图书推介与知识科普为主，制作精致且能充分体现大学学术资源特色的视频不多。大部分大学出版社已在“两微一端”的融媒体传播中进行形式多样的出版宣传，个别高校利用本校学术资源优势进行学术讲座直播，相对而言抖音短视频的宣传内容与形式较为单一。比如，北京大学出版社微信公众平台依托母体大学学术资源优势，提供有学者直播与在线视频的“博雅讲坛”，并提供“博雅讲坛”App下载链接；相比之下，北

京大学抖音号仅有10条推送内容且均为图书推荐,应充分体现母体大学"世界一流大学与一流学科"的学术资源优势。当前,全国出版社粉丝数量前三名分别为:@人民日报出版社(80.2万)、@人民文学出版社(46.2万)、@北京大学出版社(16.6万),"知识性/文化性+趣味性"且展示形式多样、具备创新性的视频成为关注点。@人民日报出版社多次邀请影视演员或主持人出镜,点赞次数最高的一条视频为强调数学学习重要性的漫画内容视频。@人民文学出版社点赞次数最高的分别为中西方有关凤凰文学常识的科普(点赞量11.7万次),从文学、历史与诗词的角度解释"苍狗"一词视频(点赞量10.9万次)。

3. 运营管理有待制度化与规范化

大学出版社的抖音账号开通率较低,与运营主体的重视程度密切相关。当前,大部分大学出版社对抖音账号的运营缺乏制度化与规范化管理,在视频发布时间与内容选择上较为随意,对视频录制人员的选取、视频素材准备上应体现出自身的学术特色与辨识度,母体大学元素体现不足。以关注人数最多的大学出版社——@北京大学出版社为例,一年多共发布10个视频,视频发布时间间隔较长。对本社官网上的重点展示要素——新书推荐、编辑推荐、排行榜等未做到呼应与体现。大学出版社相对于出版集团不具备规模与资金的优势,需要走学术性主题出版之路,同时通过软营销提高用户体验,建立长效系统化品牌运营规划。

4. 符号资本与用户认同度有待提升

互动仪式链是依赖于一定数量的人群在特定空间里进行情感连接与共享,形成共同关注和群体团结,进而推动更大范围的交互行动。抖音互动仪式链的重要特征包括:利用话题引发共同关注,

App界面按照话题分类;利用主题开发提升用户情感共享体验;着力打造符号资本,增加用户认同。符号资本一方面借助“名人效应”,另一方面为用户提供情感交换能量,用户可以在社区获得情感能量与共享体验,进而形成独有的互动仪式市场①。大学出版社抖音号视频主持人往往为本单位“小编”或是图书作者,符号资本的构建与输出不够强。同时,抖音平台注重交换情感能量与符号资本空间,为用户提供丰富的际遇空间以增进人们的感情利益。由于该平台属互动社交媒体,只有对用户评论、私信等回复与互动才能增强用户的黏性,使其获得归属感与认同。当前,大部分大学出版社与网友互动次数为零,并未回复粉丝任何留言,就一些读者提出的问题也未予以及时地解答。相对而言,@中国科学技术出版社与@光明日报出版社回复更为积极。

三、大学出版社与短视频融合框架与定位

就当前我国的研究现状来看,将大学出版与短视频平台相融合、联系的文献较少,二者的融合模式尚处于摸索阶段,本研究提出二者融合与发展的新路径。

(一)强化新媒体意识,开通并认证抖音短视频账户

从“两微一端”媒体融合传播路径,到现今5G时代短视频运营,大学出版社应紧随时代发展树立新媒体意识,开通并实名认证抖音短视频账户,进行制度化与规范化的运营与管理。就当前我国大学出版社抖音短视频账号开通情况来看,绝大部分大学出版社并未开

① 国秋华,孟巧丽.抖音的互动仪式链与价值创造[J].中国编辑,2018(9):70-75.

始做此尝试，一些主办方即使开通账号，却未获得抖音官方认证。具有原因包括：抖音账户存在与微信公众平台同样的问题，就是囿于注册时间的先后顺序，出版社的名称容易被提前抢注；或账户主体未对认证工作予以足够重视。未经官方认证的大学出版社账号的公信度、认同度、影响力等都会受到影响。

（二）精准定位自身优势，突出学术特色优势

5G 技术高速度、低延时、低成本的特点为出版融合发展提供了技术支持。大学出版社致力于"学问的普及，学术的振兴"①，具有母体大学学科、学术声誉等学术资源的优势，而且这些学术资源是经过长期发展在日积月累中形成的，具有权威性、信誉度、公信力等，这也是大学出版社区别于其他出版社的重要标志，因此需要明确母体大学的学术优势（学科、专业、人才等）并对自身进行精准定位，聚焦于受众对大学出版社的信任、信赖与认可度上，定位于原创性学术著作和高校优秀教材出版，强调出版社尤其是大学出版社应该承担起主题出版的重任，坚持大学出版为大学教学与科研服务的宗旨，强化学术出版功能，为繁荣学术和优秀文化的传承作出贡献。通过使用抖音平台推荐和去中心化的算法，坚持输出有质量的视频内容。短视频平台用户数量大、申请免费、发布灵活，相对于单纯文字、图片、音频、视频的宣传，更为生动、直观、灵活，便于用户利用碎片化时间获取知识与信息，并与发布人进行互动。复旦大学出版社开通@复旦大学出版社与@复旦大学出版社国学号两个抖音号，在国内出版界和大学出版社集群中有着较大影响力。

① 纪庆芳．大学出版社学术出版的问题与思路[J]．出版广角，2015(10)：30-31.

（三）创新发布内容，完善短视频相关制度建设

由于从国内外发展现状来看，大学出版社相对于大型出版集团在资源与品牌上存在差距，学术图书也受到资金与学术资源的压力，因此，大学出版社需走特色出版之路，依靠本校的学科与人才优势，走精品化、专业化、特色化的发展路线。同样，短视频创作内容也要体现校内学术资源的优势与特色。当前，大学出版社短视频平台推送的内容以图书推介和宣传活动为主，对图书与视频进行加工与二次传播较少。应完善短视频相关制度建设，防止“只申请，不运营”情况的出现：对专职运营人员或团队予以选拔、管理；对推送主题、内容与展示形式进行精心策划；安排专人与用户互动增强抖音号的黏性；合理规划推送频度就创新发布内容方面，可以做以下尝试：（1）邀请作者或者名人进行推介，增强出版社的黏性与关注度，@人民文学出版社、@人民日报出版社已经借助名人IP增加曝光度与影响力打造抖音IP。（2）鉴于学术出版的特殊性，邀请知名专家讲解与科普相关知识点，尤其是在国家与社会急需相关专业知识时。比如，复旦大学出版社出版张文宏主编的《2019冠状病毒病——从基础到临床》及其海外版，@复旦大学出版社同步推出“张文宏主任谈疫情”视频。（3）选取学术专家的讲座片段视频或邀请学术专家进行网络直播，并保持与读者互动的频次。（4）选取特色与热点问题进行讲解。@上海大学出版社以“返校”“战胜疫情dou行动”为标签，推出“大学生如何返校？听听专家意见”。（5）与广播电台、其他出版IP合作，对图书宣传视频进行二次传播。

（四）多元化途径抓取用户注意力，注重与用户沟通交流

抖音短视频平台为各个作品预设一个流量池，基于算法对海

量短视频作品精准分发、推送给潜在用户,基于用户获赞、点评、转发等社交行为指标评价在流量池的表现,并基于流量池进行叠加推荐。叠加推荐以内容的综合权重作为评估标准,达到一定量级后将内容推进更大流量池进行多轮叠加推荐①。因此,大学出版社在海量信息抓取用户注意力就变得至关重要。首先,可以通过添加标签的形式与热门话题呼应,以提升作品曝光度和用户到达率;其次,可以通过线下活动,或在纸质期刊、官网、微信公众平台添加抖音号二维码,进行粉丝引流,吸引和拓展潜在作者与读者群体。由于抖音为用户提供了交换情感能量与符号的空间,人们在互动中获得能量与共享体验,增加账号黏性,进而激活粉丝经济、提升出版社的品牌影响力与价值。最后,应努力创新优化平台与用户的互动方式。

四、小结

大学集学术生产与学术创新于一体,以学术生产为使命之一。大学出版社以服务大学教学与科研为宗旨,大学对出版社的考核也将学术性置于核心地位。5G 时代,我国大学出版社应顺应新媒体时代的要求,尝试开通短视频账号并进行官方认证,创新短视频内容以激活粉丝经济,突出自身特色与优势,通过短、平、快的传播新方式将社交短视频作为知识生产与传播的新平台,以价值引导为核心,延续母体大学文化传承功能,引领知识传播与学科发展方向,进一步凸显大学出版社对科学研究的记载、引领与传播的作用,提升其在思想文化领域的话语权与学术影响力。

---

① 赵辰玮,刘韬,都海虹.算法视域下抖音短视频平台视频推荐模式研究[J].出版广角,2019(18):76-78.

第六章

大学出版服务区域科技创新机制研究

——以秦皇岛地方高校出版行业为例

从体制结构与管理隶属关系来看，高校可分为中央管理高校与地方管理高校，其中，地方高校主要服务于区域经济。大学出版包括大学出版社与高校学术期刊两部分，以学术出版为根本，对科技创新成果起到记载、评价、引领、传播的作用。随着科技创新在区域经济发展中扮演越来越重要的角色，大学出版服务科技创新不仅有利于区域经济社会的发展，也有助于中国大学学术出版"走出去"，获得国际科技领域的话语权与学术影响力。这既是教育、经济与传播关系的理论层面问题，也是操作层面的实践问题。

基于系统科学理论，大学出版对母体大学的大学精神与服务社会功能的传承与延续具有必然性，服务区域科技创新也具有必然性。本研究认为地方高校出版行业可通过构建专家智库、知识服务、携手本地创新团队等路径推动区域科技创新。数字出版时代，深挖大学出版的评价作用与引领作用，将加快最新科技创新成果推广与转化的速度。以秦皇岛地方高校出版行业为例，结合地区科技创新面临的新形势与新任务，提出产学研共赢的实现路径，以期为创新高等教育与企业的合作机制贡献智慧。

第一节 基于内生经济增长理论的地方高校出版行业服务区域科技创新路径分析

一、研究背景

现有学界的研究成果显示，国内产学研合作模式主要集中于"合作研发"，类型主要集中于"提高产品性能"。企业通过与高校合作提升科技创新能力，这为地方高校服务区域科技创新指明了领域与方向。目前，学界尚无以大学出版，尤其是地方高校出版行业作为研究对象,进行产学研合作研究的成果。

（一）国内产学研合作的类型与模式分析

当前,国际产学研合作存在的一个共性问题是高校与企业服务科技成果的转化率不高①。学界调查显示,国内产学研合作的类型与占比如表 6-1 所示,63.2%的企业与高校或科研院所开展过“提高产品性能”的产学研合作;员工培训和项目咨询次之,分别占 31.6%和 26.3%;在“节省原材料”“减少环境污染”等方面合作的比重相对较小。

表 6-1 企业与高校或科研院所的合作类型

合作类型	增加产品功能	开发全新产品	提高产品性能	节省原材料	减少能源消耗	减少环境污染	员工培训	项目咨询
比例/%	42.1	47.4	63.2	15.8	21.1	10.5	31.6	26.3

国内产学研合作的模式主要有信息、知识、技术、人才、资金等合作,已有研究显示,采取“合作研发”的企业最多,高达 77.8%;企业对“成果转化”的运用率最低,只有 5.6%。据此,本研究认为企业更注重通过合作提升科技创新能力,而由于“成果转化”的收益具有不确定性较少被使用(表 6-2②),探讨更多产学研“合作研发”的模式具有现实意义与必要性。

① 梅姝娥,仲伟俊.我国高校科技成果转化障碍因素分析[J].科学学与科学技术管理,2008(3):22-27.

② 李梅芳,刘国新,刘璐.企业与高校参与产学研合作的实证比较研究:合作内容、水平与模式[J].研究与发展管理,2011(4):113-118.

（二）国外产学研合作的成功经验——以美国为例

以美国为例，美国是产学研合作的发祥地，随后形成了科技园、社区学院、营利性大学等多种高校服务区域经济的模式。1951年，斯坦福大学建立了世界上第一个科技园区——斯坦福研究园即“硅谷”，之后北卡三角园区、波士顿128公路等一批科技园区在美国陆续建立。科技园的建立为美国高校的社会服务功能带来了质的变化，通过由企业提供资金、大学提供研究员的形式，双方合作研发，进行商品化生产的收益由双方共享。比如，美国麻省理工学院设置了40多个跨学科实验室和研究中心，这些跨学科平台聘请教授与专职研究人员一起从事基础与应用研究；斯坦福大学的教授与工业研究人员共同组建科研团队任职于集成电路系统中心（CIS），推动了科技创新成果产业化。美国高校鼓励教师的科技成果转化，目的不是盈利，而是让更多企业通过技术转化与专利申请了解到高校的科研情况。

表6-2　产学研合作模式的运用情况

合作模式	成果转化	合作研发	委托研发	合作申报政府课题	共建研究平台与实验室	人才培训交流、咨询	创建新企业
企业中的比例/%	5.6	77.8	27.8	33.3	38.9	27.8	0.0
高校中的比例/%	27.7	55.3	63.8	63.8	29.8	55.3	10.7

美国高校也与社会实现良性互动，与政府部门、企事业单位双向互动合作。除此之外，教师们也走进社区与基层，开展社会咨询服务，一方面便于了解社会的需求，另一方面发挥了大学的智库功能。

二、相关学术界定

（一）地方高校及其特征

根据《高等教育法》的规定，地方高校是指由地方政府（省、市级）管理、为地方培养人才的高等院校，包括地方综合性大学、专业性大学、专科学院和高等职业学院等①。地方高校又称为区域高校、地方大学、地方本科院校等。地方高校的特点为地方性、应用性与服务性。地方性，指地方高校的人才培养目标需对标区域经济结构与产业结构，由于市场主导资源配置的经济形势，地方高校需满足当地就业市场的人才需求；应用性，指地方高校的人才培养要结合区域经济对人才的需求，高层次人才、中高技术人才与应用型人才培养结构比例合理；服务性，指地方高校办学不能脱离本区域的现实需要。由于相对于中央高校，地方高校在师资、资金、生源、生师比上都有一定的差距，因此要突出办学特色，服务区域经济建设。

（二）内生经济增长理论

随着知识经济时代的到来，人类社会从工业化社会向后工业化知识社会转变，知识在经济社会发展中的作用愈加重要。保罗·罗默（Paul M. Romer）1984 年发表的论文《递增收益与长期增长》、1990 年发表的论文《内生技术变革》，以及卢卡斯（Robert E. Lucas Jr.）1998 年发表的《论经济发展机制》标志着新的内生经济增长模型创立。内生经济增长理论认为：技术变革与进步、政府的支出、研究与开发和人力资本（包括教育投入）都是经济增长模型中的变量；经济

① 吴群，高建波．“入世”与中国地方高校的机遇、挑战和对策[J]．江西科技师范学院学报，2005(1)：30-33.

增长取决于技术的进步;人力资本投资是决定经济增长率的一个关键性的投资变量①;增加"教育部门"使内生经济增长成为可能②。

三、基于内生经济增长理论的高校出版行业与科技创新成果关系分析

(一)地方高校通过知识与人才服务区域建设

知识的积累既是经济增长的原因也是经济增长的结果。现代经济中,知识是区域经济增长的决定性内生变量,也将取代物质资本成为经济发展中最重要的生产要素。依据内生经济增长理论,地区高校服务区域经济建设需找到结合点,而这个结合点就是自身在知识、人才、文化方面的优势,为区域经济建设提供人才支持和科技服务。地方高校的职能不同于中央高校,服务区域经济建设既是高校本身职能扩展的结果,也是区域经济发展的要求。

地方高校通过提升人力资本生产效能的方式服务区域经济。根据卢卡斯的人力资本溢出模型,经济增长中技术进步的因素为人力资本。地方高校作为一个十分关键的人力资本生产部门,对区域经济建设至关重要。根据卢卡斯对人力资本的划分,人力资本的类型可分为:一般知识与个性化知识;途径可分为:学校教育与生产实践。据此可以得出,高校可通过结合自身办学条件与区域经济建设需求,进行有针对性的、多种形式的学历与非学历培训,进而开发与培育人力资本,服务区域经济建设。

---

① 西奥多·舒尔茨.论人力资本投资[M].吴珠华,等译.北京:北京经济学院出版社,1990:1-18.

② 程肇基.地方高校服务区域经济建设研究——以江西为例[D].武汉:武汉大学,2015.

(二) 地方高校出版服务区域科技创新的三个路径

基于系统科学的理论,大学出版作为大学这一一般复杂巨系统的子系统与高校外部环境超系统产生能量的交换,通过与区域智库协同发展、知识服务、服务科技创新团队等方式服务区域科技创新,进而推动区域经济的发展。大学出版相对于社会出版,具有学术出版的优势,即大学是学术生产、学术创新最为集中的地方;也有资金与规模上"弱、小、散"的劣势,即资金、人才、规模等都不及大型出版集团。地方高校与中央高校"世界一流大学"的定位不同;地方高校出版行业虽也处在学术出版的第一方阵,但相对中央高校出版行业,在发展水平与学科前沿引领性上略显不足。明确自身的定位与优势,服务区域经济的科技、教育、文化方面的需求,与市场和企业需求能够及时对接,这是地方高校出版行业服务区域经济建设的关键所在。

1. 与区域智库协同发展

智库是以公共政策为研究对象,以影响政府决策为研究目标,以公共利益为研究导向,以社会责任为研究准则的专业研究机构,也是专业决策机构①。高水平智库是一个国家软实力的重要指征。智库的影响力取决于质量过硬的思想产品,出色的研究人才队伍是建设智库的首要条件。而思想产品的质量水平主要通过出版物、论文与研究报告来衡量。

以美国为例,智库通过四种方式在公共政策的制定中发挥作用:提供信息,生产新思想;参与政府决策,提供政策设计方案;为政

① 上海社会科学院智库研究中心. 2013 年中国智库报告:影响力排名与政策建议[J]. 中国科技信息,2014(11):20-24.

府储备与提供人才；教育普通民众，引导公共舆论①。国内《教育研究》《世界经济与政治》《中国科学院院刊》等领域内知名学术期刊都开设了系列专题研究的专栏或专刊，凭借着高水平的理论优势与顶端影响力，为政府部门和相关行业解决实际问题提供建议，发挥了学术期刊为智库建设服务的功能②。

地方高校出版行业可通过与区域智库协同发展的形式，服务区域科技创新。由于大学出版中高校学术期刊与智库建设在研究指向、研究路径、研究范式上都存在一定的一致性，可通过期刊的编委、作者与读者群体，尤其是编委团队往往为全国专业领域内的知名专家与学者，以问题为导向，服务社会需求，做好品牌推广，实现学术期刊与智库的协同发展。鉴于此，地方高校出版行业，可以通过与智库协同发展，贴近实际、解决实际问题，从政府与行政管理的层面为政府对科技创新的服务提供决策方案。

2. 发挥自身知识服务功能

知识服务是为用户提供知识产品或问题解决方案的个性化、专业化服务③，与大学出版在知识生产时代的使命相契合。知识服务的价值与竞争力的重要表征为知识量与知识内容的浓度。地方高校出版行业以知识和信息服务区域科技创新，进而促进经济与社会的发展，通过研发服务、创业孵化服务与科技成果、知识产权以及技

---

① 林洁.美国智库的建设对发展我国智库的启示[D].武汉：湖北大学，2011.

② 叶红波.学术期刊服务智库建设功能的缺失与构建[J].编辑之友，2018(1)：40-43.

③ 雷晓艳."互联网+"时代传统出版业的知识服务转型[J].编辑之友，2018(11)：16-21.

术转让等多元化知识服务举措,推动学术成果的实践转化与推广应用①。

1）学术期刊的知识服务功能

学术期刊是科学研究的重要组成部分,是科技创新的重要工具之一,也是衡量一个国家科技创新水平与综合国力的重要标志之一②。中国科学院原院长卢嘉锡院士就学术期刊的功能和定位指出:"对科研工作来讲,科技期刊工作既是龙尾又是龙头。"知识的生产、加工、传播与应用已经成为知识经济时代经济增长的最重要推动力。大数据等技术与各类社交软件为信息服务提供了技术与平台支持,使信息的采集、过滤、分类、整合与萃取更为便捷,能够挖掘知识之间的内在关联,体现知识服务的集成性与价值增值性。

地方高校学术期刊,一方面围绕互联网时代知识服务的要求与社会、用户群的消费需求,布局多元的传播渠道,采取媒体融合的方式,使文图、音、影等形式相结合,推出区域科技创新相关的且有思想、有深度、有温度的知识产品,以特色与专业性吸引用户,进而宣传科技成果,扩大在学界的影响力。另一方面,以自身知识服务功能为学界学术海量资源与科技创新需求搭建桥梁。与国内外学术共享资源平台、科研应用平台对接,进而实现跨区域的专业数据共享,并对海量科研数据进行深度加工、开发、细分,这样为区域科技创新提供国内外最新科研进展时,才更有精准性与时效性。

① 赵庆来.应对知识服务要求的学术期刊出版变革[J].中国出版,2019(7):27-31.

② 刘振兴.对当前我国科技期刊发展的几点意见[J].中国科技期刊研究,2003,14(1):1-2.

2）大学出版社的知识服务功能

知识服务的本质是“借助于互联网技术，对知识集群、知识体系、知识类型等通过按学科、分类型、找主题等方式可查、可逆的知识获取方式，基于用户目标驱动的，面向知识内容、解决方案及增值服务的服务”①，这与大学出版社的本质具有一致性。科技创新团队可以通过大学出版社数字化技术支持下的知识服务功能，探索更多的、基于学科的联合科研机制，比如，从读者群中挖掘潜在的合作科研团队、企业，实现更大范围的传播，扩大学术成果和整个团队的影响力等；构建“作者投稿—读者需求分析—创新成果出版—信息收集”反馈的闭环系统（图 6-1），链接科技创新团队、出版各个环节、市场、企业与读者需求等。

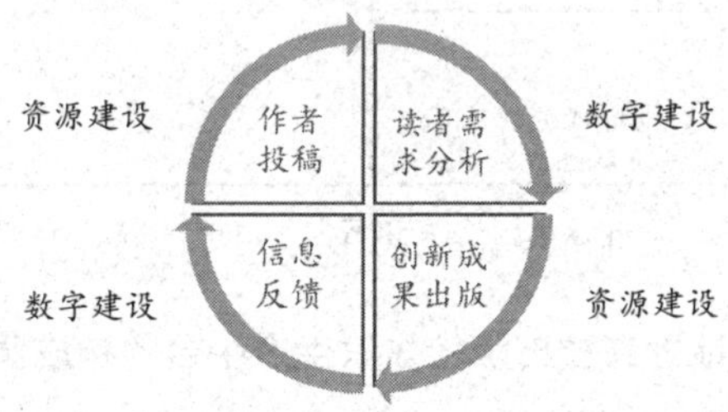

图 6-1　数字出版时代地方高校出版社学术出版新闭环系统

数字出版时代，地方大学出版社通过构建利益相关、协同互补的数字学术体系服务区域科技创新，发挥自身办学立足区域的优势，推动各自知识链的有效镶嵌，满足用户对知识创新的需求，比如借助“两微一端”、基于社群的知识传播与分享体系等，或为图书提供增值服务，或为科研创新团队、出版社、用户间搭建深度交流互动

① 金鑫荣．知识服务：大学出版社转型升级的路径［J］．现代出版，2018（4）：19-22.

的平台，进而激发知识再创新(图 6-2、图 6-3)。

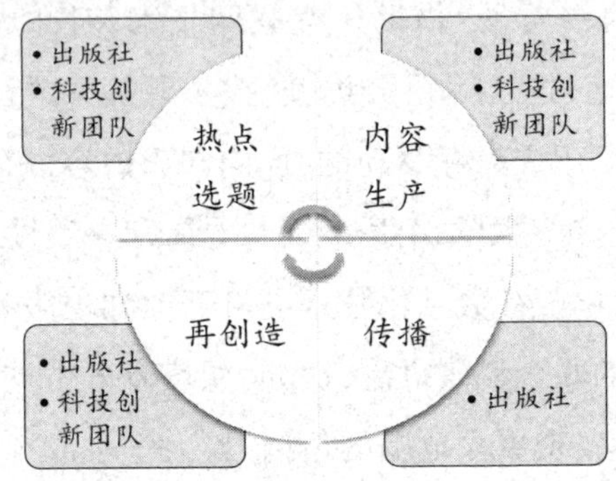

图 6-2 地方高校出版社搭建知识生产平台的理想模型

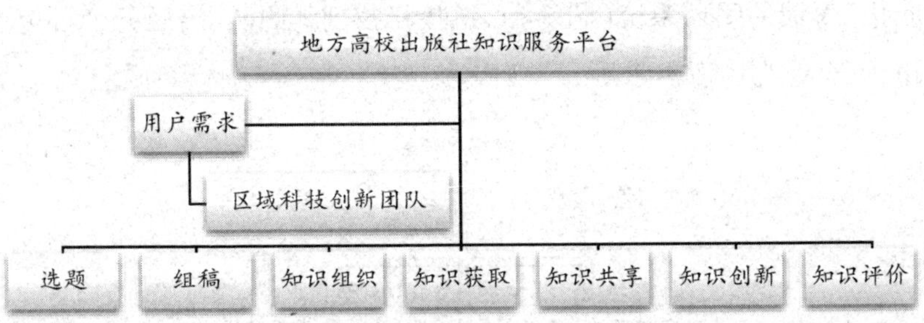

图 6-3 地方高校出版社知识生产平台的构成要素分析

3. 服务科技创新团队

1) 发挥科技成果传播平台的作用

地方高校与企业“合作研发”需要人才的支持，即具有高学术水平的研究团队。这就需要一个信息传播速度足够快的资讯平台，与美国高校一样，使企业了解到高校的科研进展情况，进而加速科技成果转化，这样不仅能够获得经济效益，更重要的是避免科技创新成果囿于“象牙塔”进而无法使整个社会受益。地方大学出版行业既包括周期性发行、覆盖全国范围、目标读者群体具有很强专业性的学术期刊，也有出版周期相对更长但更具普及性与文化性的大学

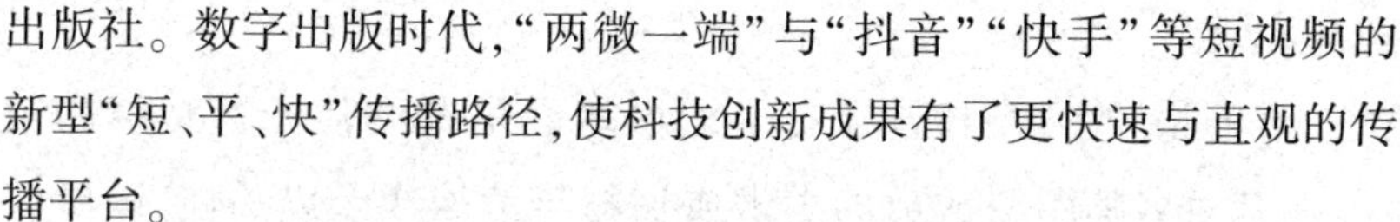

出版社。数字出版时代,“两微一端”与“抖音”“快手”等短视频的新型“短、平、快”传播路径,使科技创新成果有了更快速与直观的传播平台。

2）协助培育与引进“领军人才”

创新人才中的“领军人才”,是最宝贵的高校科研团队建设资源,是其所在高校专业、学科的领军人物,也是所在科研团队的领导。高素质的领军人物往往能够带动一个新兴学科的兴起、重大技术突破甚至颠覆前人的重大发现,正所谓“千军易得,一将难求”。就地方高校而言,“领军人才”主要有自主培养与校外人才引进两种方式,但无论哪种方式,人才的培养与专业水准的发展都离不开良好的科研环境。地方高校出版行业在协助“领军人才”的培育与引进上,将起到重要的助推作用。

“领军人才”的成长规律有以下八点:一是名师传承,一流名师的指导使人才成长少走弯路;二是扬长避短,领军人才的形成与天赋、实践、爱好等因素密不可分,但不可能是面面全才;三是最佳年龄规律,研究显示自然科学发明的最佳年龄区是 25~45 岁,峰值为 37 岁;四是学术“马太效应”,荣誉、项目以及各种学术资源会向声誉更高的研究者汇集;五是期望效应规律,更高的期望目标是激励“领军人才”更大成就的重要动力;六是共生效应规律,人才的出现往往有向某一领域、单位和群体集中出现的倾向;七是积累效应规律,高层次人才位于人才金字塔的塔尖,人才数量的基数越大,高层次人才数量往往越大;八是合理流动规律,人才尤其是“领军人才”的合理流动是国际化与全球化的必然趋势,有利于激发人才的二次成长①。

鉴于此,地方高校出版行业对区域学术共同体予以持续的关注,尤其对名师团队成员的学术成长与年龄构成予以关注,编辑与成员进行"点对点"的对接与沟通,对团队成员的前沿学术成果予以及时地报道。由于"学术马太效应",青年学者难免在发文或者著作出版中受到一些阻力,编辑应对其予以精神上的鼓励、文章发表策略的指导、同研究领域合作伙伴的建议、在所任职期刊发文的关注。随着数字时代的到来,地方高校出版行业的从业者将不仅仅面临着来自同行业的竞争,技术带来的出版环节的革新将加速优胜劣汰。协助培育"领军人才"将有利于大大提升出版品牌的打造与凝聚力,也成为构成母体大学科研环境的不可或缺的部分。良好的科研环境,也将有助于"领军人才"的外部引进工作。

3）支持团队成员不同的学术观点

就整体环境而言,国内科技研究存在一定的多元主体间彼此封闭、孤立的问题:第一,理论研究与实践研究各行其是;第二,国内不同学科背景的学者缺少彼此交流的平台,即使属于同一级学科,各个专业都设有自己的学会、期刊、学术交流活动,缺少跨学科交流机制;第三,高校理论研究者与实践研究者彼此缺少交流的平台。

就团队内部氛围而言,优秀的高校科研创新团队具有学习与创新并轨的特点,加强团队内容合作的文化活力,形成团队内部公开讨论、学术思想自由交流与碰撞的氛围。团队应鼓励成员发表不同的学术见解。

科技创新的成果需要学界的支持与认可,这是产学研合作的必

① 张茂林.创新背景下的高校科研团队建设研究[D].武汉:华中师范大学,2011.

要条件。地方高校进行科技创新,就需要打破理论与实践的边界,打破不同学科间的条条框框;就需要大学出版通过主办、协办学术会议,为学者提供与学界同行交流的机会,尤其需要学术期刊为区域科技创新成果的发表提供条件。高校学术期刊本身也是一个子系统,既属于母体大学这一一般复杂巨系统,也属于整个出版行业一般复杂巨系统,可以通过推出一组成果,进而对其他同行期刊子系统、作者子系统、读者子系统都产生作用。现行的学术期刊评价制度导致了“学术马太效应”,对学术生态系统也产生了负面影响等。一些期刊为顺应评刊“指挥棒”,对学术成果的发表选择具有一定的主观性,回避易产生争议的选题,进而使一些学术前沿的优秀成果失去了公之于众的机会。这就需要地区高校出版行业端正服务区域科技创新团队的态度,同时兼顾评价指标。地方高校出版行业应协助母体大学的大学精神中对学术自由的传承,营造自由、民主、探究的学术氛围。

第二节 秦皇岛高校出版行业服务区域科技创新路径

一、研究背景

《秦皇岛市科技创新“十三五”规划》确定了未来五年科技创新的重点工作:建设京津冀协同创新示范区,创新京津科技合作模式,拓展科技合作渠道,引进京津技术、项目、人才、资金等优质创新资源,打造京津冀协同创新示范区。如何加强对外宣传我市的科技成果,推动产学研深度合作,以科技创新破解当前我市经济发展的瓶颈就显得尤为重要。

学术出版是科技成果展示与传播的重要平台,包括学术期刊与书籍两种。学术期刊由于具有全国范围内定期发行的特点,对整个学术圈的科技成果起到引领与辐射作用,因此影响力更大、辐射面更广。就当地实际情况来看,秦皇岛的学术期刊与出版社主要是由地方高校主办。秦皇岛应探寻如何利用地缘优势,发挥本地高校出版行业优势,使其与秦皇岛乃至周边京津冀地区科技创新团队合作,充分宣传和利用最新研究成果;同时,也有益于培育秦皇岛本地科技创新团队的"领军人才",为鼓励科研工作者学术生产,量化其科研工作提供依据,以提升科研工作者的积极性,使秦皇岛科研人员的创新力与大学出版的发展间实现良性循环。

除对秦皇岛本地的影响,本研究还将为落实习近平总书记《在哲学社会科学工作座谈会上的讲话》(以下简称为《讲话》)精神提供建议。我国哲学社会科学领域存在如"话语体系建设水平总体不高""学术评价体系不够科学""学风方面问题还比较突出""有专家缺大师的状况"等问题,从大学精神视域以大学出版为研究对象,提出引领科学发展的路径,以给理论创造、学术繁荣提供强大动力和广阔空间。

二、秦皇岛高校出版行业的发展现状分析

当前,秦皇岛出版行业的主办单位主要为高校,凸显了高校对科技与知识的汇聚作用。秦皇岛市内普通高等院校包括省属高校、市属院校,也包括一些外地学校在秦皇岛本地设置的分校。秦皇岛现共有高校 14 所,其中本科院校 8 所,专科院校 5 所,成人教育 1

所;高校学术期刊6种,大学出版社1家①。秦皇岛出版行业包括:燕山大学主办学术期刊3种,出版社1所,其中《燕山大学学报》为秦皇岛入选北大核心目录唯一的学术期刊;河北科技师范学院主办学术期刊2种;河北环境工程学院主办1种。调研显示,秦皇岛高校出版行业的发展情况与本地高校的办学层次呈正相关,学术期刊发展呈现"弱、小、散"的特点。

三、秦皇岛科技创新在推动区域经济发展中面临的问题

针对秦皇岛高校出版发展情况与本地科技创新现状,本研究提出以下几方面问题。

(一)工业经济偏弱,科技创新能力不足

近几年,秦皇岛经济发展的持续性显著改善:节能降耗成效明显;经济增长的环境成本降低;在生态环境建设方面,也以"绿色秦皇岛　生命健康城"为主题,大力实施"生态立市"战略,治理成效显著。但从总体产业结构来看,秦皇岛的工业化进程速度与企业发展规模,在15个沿海开放城市中居后位,与上海、温州等还有较大差距。2017年的数据显示,秦皇岛第一产业比重高达12.9%,高于全省平均水平3.7%。

秦皇岛科技创新的不足之处主要表现在以下三个方面:一是秦皇岛创新人才不足,当前虽加大了高层次人才引进与培养的力度,但人才总数偏少的情况依然存在,且行业"领军人才"较少;二是创新意识不强,全市进行科技创新的企业只有三成,R&D主要集中在

① 由于一些地处秦皇岛市的高校为外地高校在秦皇岛市设置的分校区,校总部设于外市,故不计入在本研究的学术期刊办刊主体统计数据中。

大中型工业企业与高新技术企业;三是创新能力偏弱,经费投入低于全省平均水平①。

（二）中小型科技企业仍处于产学研自发自为的初级阶段

创新是经济发展的不竭动力。秦皇岛科技中小型企业设计创新领域较多、跨度大,但集群性特征较弱。总体来说,创新要素在不同产学研主体间呈现随机的碎片化分布,协同创新主体间合作关系的建立呈现“点对点”的耦合性,系统性与规模性合作机制与平台欠缺②。部分企业将协同创新点集中在技术领域,而对管理创新、文化创新、制度创新等关注相对滞后,多数合作是在培训交流与解决某项技术问题时展开,进而导致合作各方停留在相对松散的项目化集中攻关水平。

问题的成因在于,秦皇岛本地的科研院所没有稳定且影响力较大的信息发布渠道与产学研信息互通的平台,即高校与科研院所的创新团队不了解企业的诉求,而企业也无法及时获知科技创新团队的攻坚愿望。影响各要素整合的信息壁垒,已成为阻碍秦皇岛科技创新的主要问题之一③。

（三）在京津冀地区创新发展评价中排名居后

京津冀地区是我国经济最具活力且开放程度最高的地区之一,然而在协同发展过程中,出现京津两地过于“肥胖”,周边城市过于

① 徐庆书,肖贵奇.秦皇岛市经济高质量发展问题研究[J].统计与管理,2018(12):8-11.

② 张学伟.科技型中小企业协同创新的制约因素和应对政策研究[J].智库时代,2019(33):46-47.

③ 孙菊.京津冀区域经济一体化背景下秦皇岛产学研合作问题研究[J].科技视界,2014(14):39+44.

"瘦弱"的问题。京津冀十三个城市的调研数据显示,秦皇岛在京津冀城市发展排名总体质量评价中靠前,创新发展评价中排名居后。秦皇岛城市质量总体排名处于中游位置——6/13,但在创新发展评价中得分较低,排名为8/13。北京凭借丰富的科技智力资源,按照《北京加强全国科技创新中心建设重点任务实施方案(2017—2020年)》的部署,对接重大科技计划、集聚培养顶尖人才,加强全国科技创新中心建设。廊坊先后出台了《关于加快科技创新率先建成创新型城市的决定》等"1+4+N"系列政策措施,大力支持孵化平台发展。而秦皇岛在建平台、强主体、聚人才、促协同的政策到落实上,还有较长的路要走①。

四、秦皇岛高校出版行业服务区域科技创新的实施路径

(一)打破产学研三方信息壁垒,突出母体大学的办学特色与学科优势

秦皇岛高校出版行业应从本地的经济发展现状出发,以学术出版为突破口,充分发挥大学出版对学术的记载、评价、引领、传播作用。通过自有的"两微一端"、社交短视频App账号、社群等对外传播渠道,对本校、本区域特色学科的最新研究成果加以宣传,进而扩大在全省甚至全国同行业的影响力度,打破企业尤其是秦皇岛当地的中小企业与科技创新团队间的信息壁垒,为产学研三方合作搭建专业性的学术平台。

比如,秦皇岛国内大学排名最高的大学——燕山大学,以机械

① 刘春霞.对京津冀13个城市发展质量的测评研究[J].国家治理,2015(9):3-23.

和材料为优势学科，主办学术期刊有北大核心期刊《燕山大学学报》，有教育类综合性学术期刊《教学研究》，以及综合性学报《燕山大学学报（哲学社会科学版）》。秦皇岛高校出版行业可以针对企业的现实诉求，通过以下形式提供科技创新上的攻坚支持。

1. 向领域专家学者约稿与组稿

通过向专家与学者定向约稿，利用信息资源与学术资源的优势，对企业诉求相关的科研难点予以破解。秦皇岛已实施“创新平台提升计划”，围绕主导优势产业和战略性新兴专业推动以燕山大学为依托单位建设的“高端装备产业技术研究院”①。燕山大学期刊社与出版社可以根据自身学术资源，围绕相关选题或某项技术问题向本市、本省、京津冀甚至全国范围内专家学者约稿、组稿，以整合学术资源来破解科技创新中的难题。

2. 多渠道传播产学研三方需求

通过覆盖全国的信息传播渠道（纸刊、自有微信公众平台等），推送产学研三方诉求信息，以实现三方信息“点对点”的耦合。由于高校学术期刊以立足本校科研成果为主，所以可以凭借这些学术期刊的传播平台，以资讯或学术论文的形式推送本校的最新研究成果；对秦皇岛高新技术企业以及中小企业的需求予以调研与整理后，统一进行多渠道推送，在最大化利用创新资源的原则下，促进不同主体间“1—1”“1—N”“N—N”的立体化全方位合作，解决信息渠道不畅造成的协同创新壁垒的问题。

① 刘军，司玉明. 以创新驱动科学发展——我市开展“解放思想、改革开放、创新驱动、科学发展”大讨论活动述评之三［N］. 秦皇岛日报，2013-06-26（1）.

3. 与企业、学会等合作科研立项

采取学术期刊与企业合作立项的形式，或学术期刊、企业以及行业学会三方合作的形式，集中学术资源破解区域科技创新中的难题。秦皇岛近年将光伏发电、风力发电、新能源汽车等作为市级科学技术研究与发展的重点关注领域。学术期刊可以此为参考，探索契合各方利益需求的合作立项模式，密植本区域和跨区域的协同创新网络，引导创新主体围绕本市热点进行技术研发，以升级传统产业，培养新的经济增长点。

（二）为科技创新团队与“领军人才”提供学术平台支持

地方高校出版行业既要顺应现行的评价制度，也要引领学科的发展走向，明确大学出版的历史责任，依托高校学术国际化程度较高的优势，“走出去”凸显国际视野，通过组稿、办会、参会、邀请专家翻译国外最新论著的形式，为区域科技创新搭建具有国内外学术影响力的传播平台。秦皇岛的科技创新需要人才的支持，尤其是高学术水平的研究团队与“领军人才”。

1. 立足本市的创新人才资源

对于任职于本市的燕山大学、河北科技师范学院等高校的优秀学者予以重点关注，编辑与学者进行“点对点”的对接与沟通，对团队成员的前沿学术成果予以及时地报道；对课题组中的青年学者或者博士研究生，编辑应予以精神上的鼓励、文章发表策略的指导与同研究领域合作伙伴信息的提供。

2. 放眼全国与国际人才资源

对于交叉学科与重点攻关项目，秦皇岛高校出版行业应打破地域的限制，以京津为坐标系，盯紧京津的人才资源与最新科研成果；借助编委与作者等学者资源优势，挑选与汇聚国内外学术资源；使相关科技专家发挥各自的学科优势,分工合作,“抱团”进行科技创新攻关,组织开展应用性研究、成果转化和产业化,服务于区域经济与社会的发展。

3. 为人才提供自由、民主与探究的学术氛围

科技创新是秦皇岛经济持续发展的源泉与动力所在,而人才又是科技创新的重中之重。高校出版行业,尤其是高校学术期刊,由于现行评奖、评职政策,往往处于被作者恳求的位置,而处在象牙塔中安于现状。秦皇岛高校出版行业的社长、主编与编辑们应调整办刊、办社思维,主动兼顾科研成果试水,贴近企业应用与研发的需要,为学、研、产、教各不同主体互通有无,开展深入、长期、稳定的合作提供条件。

学术期刊与出版社隶属母体大学一般复杂巨系统,也属于整个出版行业一般复杂巨系统,同时也是学术生态系统的重要组成部分。秦皇岛高校出版行业关系母体大学科研水平、学科发展与区域的学术生态环境,应主动打破不同学科间的边界与条条框框,通过主办、协办学术会议,为学者提供与学界同行交流的机会;采取有力措施,避免“学术马太效应”对当地学术生态系统的负面影响,为一些年轻的、成长中的学者提供在学界崭露头角的机会;协助母体大学传承“学术平等、学术自由、兼容并包”的大学精神,营造自由、民主、探究的学术氛围。

(三)完善科技创新知识服务功能

秦皇岛高校出版行业相对于京津地区同行业的发展规模与学术水平差距较大,需及时地发现问题并因地制宜地制定发展规划,以实现学术出版与科技创新的双赢局面。就当前新媒体传播方式的使用来看,燕山大学主办的三个学术期刊与出版社都开通了微信

公众平台,实现了媒体融合与编读互动。燕山大学出版社还开通了抖音短视频 App 账号,进行图书推荐与“百年校庆”图书发布会直播等活动。然而目前为止,河北科技师范学院等主办的学术期刊仍未涉足新媒体。

数字出版时代,面对 5G、人工智能与数据挖掘等新技术,秦皇岛高校出版行业应以互联网时代知识服务的要求与社会、用户群的消费需求为导向,布局多元的传播渠道,采取媒体融合的方式推送有高学术价值的知识产品。一方面,高校出版以“学术内容为王”,有益于提升期刊自身的品牌价值;另一方面,凭借自身的知识服务功能,为国内外海量的学术资源与区域科技创新需求搭建桥梁,进而实现产学研三方跨区域的对接与专业数据共享,并对海量科研数据进行深度加工、开发、细分,通过数字学术体系服务区域科技创新,满足用户对知识创新的需求,为科研创新团队、出版社、企业用户间搭建深度交流互动的平台,进而激发知识生产与再创新。

(四)实现与区域智库协调发展

秦皇岛高校的智库建设已取得成效。以燕山大学为例,燕山大学智库为河北省首批新型智库试点单位,在推动理论创新和理论引导中发挥作用;通过精准对接中心,突出了本地、本省特色,反映了社情民意。2020 年,燕山大学共报送《燕山大学智库成果专报》17 期(28 篇),《以大统战思维做好网络意见人士工作》等 7 篇获得正省级领导批示,9 篇获得副省级领导批示,2 篇作为建议由河北省全国人大代表提交第十三届全国人民代表大会,1 篇获得民建中央采纳。

政府在产学研协同创新的过程中起到主导作用,可以通过行政手段与经济手段对企业在协同创新中的行政壁垒与制度盲区推动

"放、管、服",使技术转移更加有效。秦皇岛高校出版行业可通过与区域智库协同发展的形式服务区域科技创新,以问题为导向联合智库与出版行业的专家、作者资源,以本市科技创新的相关公共政策为研究对象,通过出版物、论文与研究报告影响政府决策,进而通过科技创新实现传统产业升级和新型产业培育的"双轮驱动",产业强市,提升企业竞争力,打造战略性新兴优势产业集群,落实《中国制造2025》。

(五)发扬高校的大学精神,保持其对高校出版行业的引领作用

从宏观历史的视角,大学精神对高校学术期刊具有引领与贯穿作用。高校学术期刊通过知识、文化、精神与大学相互联结,实现对大学精神的守护。数字化出版时代,秦皇岛高校出版行业要实现路径创新,就一定要秉承大学精神以保证方向的正确性。秦皇岛高校出版行业的使命不曾改变,以质量为先,高水平的作者群体始终是学术出版的核心资源。

秦皇岛高校学术期刊编辑,一方面要有甘于寂寞、埋头苦干的精神,发挥工匠精神,打造学术精品,具有对学科发展的敏锐性与前瞻性,准确把握学界研究的热点与难点;另一方面,也要积极地进行社会调研,结合秦皇岛市的实际需求——政府的管服改革、各项政策制度,企业的需求,周边高校与科研院所的在研项目与已有的学术成果等。目前,秦皇岛高校出版"两微一端"中的音、图、像等功能,实现了学术内容的碎片化和阅读的趣味性,比如,微信中的"看一看"模块是智慧媒体与即时通信推进在线阅读的一种尝试,"在看"也已成为阅读分享的优选路径,加快了知识与信息传播的速度。

参考文献

一、中文文献

1. 中文著作

[1] 石井和夫,许耀明. 大学出版的岁月[M]. 北京:北京大学出版社, 1990.

[2] 西奥多·舒尔茨. 论人力资本投资[M]. 吴珠华,等译. 北京:北京经济学院出版社,1990.

[3] 约翰·亨利·纽曼. 大学的理想[M]. 徐辉,等译. 杭州:浙江教育出版社,2001.

[4] P 布尔迪厄. 国家精英——名牌大学与群体精神[M]. 杨亚平,译. 北京:商务印书馆,2004.

[5] 小赫伯特·史密斯·贝利. 图书出版的艺术和科学[M]. 王益,译. 石家庄:河北教育出版社,2004.

[6] 肖启明. 大学出版精神与大学出版社的发展——中国大学出版发展文化研究[M]. 桂林:广西师范大学出版社,2008.

[7] 弗雷德里克·马特尔. 在本土与全球之间双向运行的文化体制[M]. 周莽,译. 北京:商务印书馆,2013.

[8] 储朝晖. 中国近代大学精神史[M]. 北京:人民教育出版社,2013.

[9] 韩顺友. 高校学报与学术期刊研究[M]. 开封:河南大学出版社,2014.

[10] 雅罗斯拉夫·帕利坎. 大学理念重审——与纽曼对话[M]. 杨德友,译. 北京:北京大学出版社,2014.

[11] 张立. 数字出版学导论[M]. 北京:中国书籍出版社,2015.

[12] 国家新闻出版广电总局出版专业资格考试办公室. 出版专业基础[M]. 北京:商务印书馆,2015:5.

[13] 彼得· 伯克. 知识社会史[M]. 汪一帆,赵博国,译. 杭州:浙江大学出版社,2016.

[14] 赵丽华. 大学精神与大学出版——民国中央大学"学人办刊"研究[M]. 北京:中国传媒大学出版社,2016.

[15] 迈克尔·巴斯卡尔. 内容之王——出版业的颠覆与重生[M]. 赵丹,梁嘉馨,译. 北京:机械工业出版社,2017.

[16] 项立刚. 5G 时代:什么是 5G,它将如何改变世界[M]. 北京:中国人民大学出版社,2019.

[17] 孙菊. 大学精神视域下高校学术期刊发展路径研究[M]. 秦皇岛:燕山大学出版社,2020.

2. 中文期刊论文

[1] Norman Cousins. 美国之大学出版事业[J]. 天下事,1940(8):27.

[2] 箕轮成男,杨贵山. 从西方出版史看出版兴盛的条件[J]. 出版发行研究,1992(4):61-64.

[3] 陈春花. 企业文化的改造与创新[J]. 北京大学学报(哲学社会科学版),1999(3):52-57.

[4] 杨志锋. 出版特色的形成和保持[J]. 科技与出版, 2001

(6):16-19.

[5] 刘振兴.对当前我国科技期刊发展的几点意见[J].中国科技期刊研究,2003,14(1):1-2.

[6] 杜文涛.从某些期刊评价指标看大学学报改革的必由之路[J].编辑学报,2004,16(1):51.

[7] 眭依凡.关于大学文化建设的理性思考[J].清华大学教育研究,2004(1):11-17.

[8] 吴群,高建波."入世"与中国地方高校的机遇、挑战和对策[J].江西科技师范学院学报,2005(1):30-33.

[9] 肖林霞.重铸出版理念[J].社科纵横,2005(5):69-70.

[10] 聂震宁.培育出版精神[J].中国编辑,2006(1):26-28.

[11] 陈铭.网络教育出版的现状及发展策略[J].大学出版,2006(3):23-27.

[12] 龙迪勇.编辑工作对学术研究的影响[J].江西社会科学,2007(5):21-25.

[13] 邬书林.学术出版——中外大学出版社共同的历史使命[J].中国编辑,2007(5):4-5.

[14] 来向武,赵战花.媒介特征与传播偏向的优势——当前我国数字报纸的媒介变化探析[J].新闻知识,2008(1):66-68.

[15] 梅姝娥,仲伟俊.我国高校科技成果转化障碍因素分析[J].科学学与科学技术管理,2008(3):22-27.

[16] 吴燕.大学精神的旁落与大学出版精神的崛起[J].中国图书评论,2008(8):118-120.

[17] 何戈,张岩.数字出版环境下大学出版社的学术出版之路[J].出版发行研究,2010(12):58-60.

[18] 李梅芳,刘国新,刘璐. 企业与高校参与产学研合作的实证比较研究:合作内容、水平与模式[J]. 研究与发展管理,2011(4):113-118.

[19] 张志洲. 提升学术话语权与中国的话语体系构建[J]. 红旗文稿,2012(13):4-7+1.

[20] 孙菊. 以提升软实力为主促进河北省高等教育内涵式发展[J]. 教学研究,2013(1):16-19+123.

[21] 余庆,彭文波. 面向基础教育的数字出版盈利模式探析[J]. 出版科学,2013,21(6):13-15.

[22] 高雪莲,杨慧霞,付中秋,等. 专业学术期刊与学科发展相辅相成[J]. 编辑学报,2014,2(1):71-73.

[23] 孟卫东,张彦楠,孙菊,等. 推进河北沿海地区发展的人力资源支持体系研究[J]. 燕山大学学报(哲学社会科学版),2014(2):105-109.

[24] 孙菊. 京津冀区域经济一体化背景下秦皇岛产学研合作问题研究[J]. 科技视界,2014(14):39+44.

[25] 上海社会科学院智库研究中心. 2013 年中国智库报告:影响力排名与政策建议[J]. 中国科技信息,2014(11):20-24.

[26] 刘小燕,姚远. SCI 收录高校英文科技期刊的统计与分析[J]. 中国科技期刊研究,2015,26(1):86-92.

[27] 孙菊. 高校教材选用面临问题及对策研究[J]. 教学研究,2015(3):58-61.

[28] 刘春霞. 对京津冀 13 个城市发展质量的测评研究[J]. 国家治理,2015(9):3-23.

[29] 纪庆芳. 大学出版社学术出版的问题与思路[J]. 出版广

角,2015(10):30-31.

[30] 孙菊. 与时俱进的“经典”——美国“金色童书”系列对我国童书选题的启示[J]. 传播与版权,2015(11):55-56.

[31] 冷桥勋,李克明. 大学出版社学术著作出版的现状及对策分析[J]. 现代出版,2016(3):38-39.

[32] 任彦钧. 数字教育出版:从 1.0 到 2.0 的升级之路[J]. 编辑之友,2016(12):31-35.

[33] 孙菊. 政府规制下的网络消费环境构建[J]. 商业经济研究,2016(12):30-31.

[34] 王志. 国内数字出版产业发展趋势分析[J]. 中国出版,2017(10):52-54.

[35] 叶红波. 学术期刊服务智库建设功能的缺失与构建[J]. 编辑之友,2018(1):40-43.

[36] 李建红. 2013—2017 年主题出版的选题特点、矛盾及对策[J]. 出版科学,2018(1):33-37.

[37] 冷桥勋,李克明,张和平. 大学出版社出版精神的失落与重塑[J]. 合肥工业大学学报(社会科学版),2018(4):109-112.

[38] 金鑫荣. 知识服务:大学出版社转型升级的路径[J]. 现代出版,2018(4):19-22.

[39] 戴骏豪,徐雁华. 大学出版如何服务出版强国建设[J]. 出版广角,2018(8):16-18.

[40] 国秋华,孟巧丽. 抖音的互动仪式链与价值创造[J]. 中国编辑,2018(9):70-75.

[41] 雷晓艳. “互联网+”时代传统出版业的知识服务转型[J]. 编辑之友,2018(11):16-21.

[42] 徐庆书,肖贵奇. 秦皇岛市经济高质量发展问题研究[J]. 统计与管理,2018(12):8-11.

[43] 赵庆来. 应对知识服务要求的学术期刊出版变革[J]. 中国出版,2019(7):27-31.

[44] 胡伯俊. 数字出版中的版权技术保护问题研究[J]. 新闻研究导刊,2019(11):191-192.

[45] 赵辰玮,刘韬,都海虹. 算法视域下抖音短视频平台视频推荐模式研究[J]. 出版广角,2019(18):76-78.

[46] 邱恋,陈前进. 新技术在大学出版中的运用与创新[J]. 出版广角,2019(20):9-11+20.

[47] 苏磊. 大学出版社学术出版"走出去"路径探索[J]. 出版广角,2019(20):12-14.

[48] 李磊,闫亚武. 数字教育出版的发展现状与对策[J]. 出版广角,2019(21):37-39.

[49] 张学伟. 科技型中小企业协同创新的制约因素和应对政策研究[J]. 智库时代,2019(33):46-47.

[50] 方卿,王一鸣. 论出版的知识服务属性与出版转型路径[J]. 出版科学,2020(1):22-29.

[51] 郝振省. 疫情防控阻击战中的数字出版与融合发展[J]. 现代出版,2020(2):5-9.

[52] 阮征. 5G 时代童书出版的应对策略——基于儿童阅读的新变化[J]. 出版广角,2020(9):9-11.

3. 中文报纸

[1] 郭纯生,徐雁华. "软实力"竞争赢在人才"硬功夫"[N]. 中国新闻出版报,2013-01-31(4).

[2] 曾洪伟.学术失语致文化失守[N].中国社会科学报,2013-03-11(3).

[3] 刘军,司玉明.以创新驱动科学发展——我市开展“解放思想、改革开放、创新驱动、科学发展”大讨论活动述评之三[N].秦皇岛日报,2013-06-26(1).

4. 学位论文

[1] 陈雷.数字视频在远程教育中的设计与应用[D].长春:东北师范大学,2004.

[2] 严芸.畅销书的选题策划探究[D].南宁:广西大学,2008.

[3] 谭岩立.转型背景下中国大学出版社学术出版的困境和出路研究[D].长沙:湖南大学,2010.

[4] 张茂林.创新背景下的高校科研团队建设研究[D].武汉:华中师范大学,2011.

[5] 林洁.美国智库的建设对发展我国智库的启示[D].武汉:湖北大学,2011.

[6] 程肇基.地方高校服务区域经济建设研究——以江西为例[D].武汉:武汉大学,2015.

[7] 李丹阳.英美大学出版社的数字化转型及其启示[D].长沙:湖南大学,2019.

二、英文文献

1. 英文著作

[1] Abraham Flexner. Universities: American English German [M]. Oxford:Oxford University Press,1930.

[2] Cambridge University Press. Annual Report (for the year en-

ded 30 April 2017)[M]. Cambridge: Cambridge University Press, 2018:50-55.

2. 英文期刊论文

[1] Charles T Townley. Knowledge Management and Academic libraries[J]. College & Research Libraries ,2001, 62(1):44-58

三、网站资源

[1] 中央政府门户网站. 龙新民到清华大学调研:一流大学要有一流出版社[EB/OL].(2007-04-12)[2020-03-16]. http://www.gov.cn/gzdt/2007-04/12/content_579807.html.

[2] 人民网. 习近平在哲学社会科学工作座谈会上的讲话[EB/OL].(2016-05-19)[2020-03-16]. http://cpc.people.com.cn/n1/2016/0519/c64094-28361550.html.

[3] 习近平. 习近平讲故事:人人皆学 处处能学 时时可学[EB/OL].(2018-07-10)[2020-03-16]. http://cpc.people.com.cn/n1/2018/0710/c64094-30136407.html.

[4] 中国新闻出版广电报/网. 2019 年全国图书选题分析综述[EB/OL].(2019-04-17)[2020-03-16]. https://www.chinaxwcb.com/info/551963.

[5] 吴鑫,聂丽平. 斯坦福大学出版社争议背后,大学出版社该以盈利为中心?[EB/OL].(2019-05-18)[2020-03-16]. http://www.bjnews.com.cn/culture/2019/05/18/580469.html.

[6] 人民网. 2018 年国内数字出版产业收入超 8330 亿元[EB/OL].(2019-09-04)[2020-03-16]. http://ip.people.com.cn/n1/2019/0904/c179663-31336384.html.

[7] 中国新闻网. 2019 中国图书零售市场报告:规模破千亿 网店高速增长[EB/OL]. (2020-01-09)[2020-03-16]. http://www.chinanews.com/cul/2020/01-09/9055162.shtml.

[8] 华东师范大学出版社. 数字出版[EB/OL]. [2020-03-16]. http://www.ecnupress.com.cn/DigitalPublish.aspx? cateid=89.

后　记

本书撰写之缘起有两点：一是由于我为研究对象——大学出版行业的长期从业者，出于对实际工作的深入思考与调研；二是基于国家的方针政策与大学出版行业发展的需求。

问题的提出一：高校学术期刊办刊人既要具备高校教师的职业素养，又要秉承母体大学的大学精神与出版精神，追求“学术自由”“学术平等”“兼容并包”，保持对学科发展方向的敏感性，获得身后学术共同体源源不断的学术资源支持。

据此，我在思考：大学出版社与高校学术期刊存在哪些异同之处？大学出版的根本与使命是什么？大学出版对社会发展有何重要意义？

问题的提出二：数字出版具备诸多优点：更环保，成本低，可以突破时空，互动性强，满足了读者的个性化、“碎片化”阅读需求，零库存、零印刷，是“长尾”内容的集成平台。这些优势对传统出版行业造成了猛烈的冲击，知识生产与信息传播的路径正在改变。2020年2月，新冠肺炎疫情暴发期间，我做的有教育部长江学者与青年长江学者参与的“学习科学与未来教育”组稿，先通过“教学研究杂志”微信公众平台推送，几天后联手其他微信公众平台再次推送，取得了令人惊喜的传播效果。其中，约稿《疫情之下对未来教育的个人思考》的阅读量半天就暴涨了4 000余次，数字出版的优势凸显。随后不久，《教学研究》官网点击量于5月23日突破了1 000万大关，这对于读者群以专业化与小众化为特点的学术期刊来说非常不易。

据此，我在思考：数字出版给大学出版行业带来了哪些机遇与挑战？我们应该如何抓住机遇？这需要大学出版人具备何种素养？

问题的提出三：一方面，中国科学技术信息研究所公布的数据显示，我国卓越论文的数量在增加，2019 年高被引论文的数量已位居世界第二位，科研产出向高质量转型；另一方面，习近平总书记在哲学社会科学工作座谈会上的讲话中指出，“我国哲学社会科学还处于有数量缺质量、有专家缺大师的状况”，要“提高我国在国际上的话语权”。

据此，我在思考：如何通过大学出版，提升我国科研成果在世界学术研究领域的话语权与影响力？

上述这些问题，都可以在本书中找到答案。本研究为大学出版行业在数字出版时代实现快速发展，彰显大学精神与出版精神，完成自身学术出版的使命贡献了智慧并指明了方向。

时间如白驹过隙，我在高校已经工作十六年了。随着工作的不断推进，我也在不断地成长——由一名以修改稿件为主要工作的高校学术期刊编辑，成长为一名备受学术共同体认可与支持的办刊人与学术圈的“活动家”。回顾成长之路，由初始时“衣带渐宽终不悔，为伊消得人憔悴”高压强下的执着，到“柳暗花明”时的备受鼓舞，再到所办期刊实现快速发展时“直挂云帆济沧海”的信心与决心，感慨颇多。衷心感谢一直给予我鼓励与关心的领导、同事与家人，以及一直与我携手前行办刊的《教学研究》第十届编委会的编委。你们是我不断前行的动力，“路漫漫其修远兮，吾将上下而求索”！

囿于我学术水平与能力有限，书中的不足之处在所难免，尚请各方专家不吝赐教！

孙菊

2020 年 6 月于燕山大学